U0532620

Research on the Reshaping of
Judicial Appraisal Quality:
From Static Access to Dynamic Supervision

从静态准入到动态监管的
司法鉴定质量重塑研究

沈臻懿　著

法律出版社
LAW PRESS·CHINA
北京

图书在版编目（CIP）数据

从静态准入到动态监管的司法鉴定质量重塑研究 / 沈臻懿著. -- 北京：法律出版社，2025. -- ISBN 978 -7-5244-0241-1

Ⅰ. D918.9

中国国家版本馆 CIP 数据核字第 20254A69Y8 号

从静态准入到动态监管的司法鉴定质量重塑研究 CONG JINGTAI ZHUNRU DAO DONGTAI JIANGUAN DE SIFA JIANDING ZHILIANG CHONGSU YANJIU	沈臻懿 著	策划编辑 沈小英 责任编辑 常　锋 装帧设计 李　瞻

出版发行	法律出版社	开本	A5
编辑统筹	法治与经济出版分社	印张 6.125　字数 156 千
责任校对	王晓萍	版本	2025 年 7 月第 1 版
责任印制	吕亚莉	印次	2025 年 7 月第 1 次印刷
经　　销	新华书店	印刷	北京建宏印刷有限公司

地址：北京市丰台区莲花池西里 7 号（100073）
网址：www.lawpress.com.cn　　　　　销售电话：010 - 83938349
投稿邮箱：info@ lawpress.com.cn　　　客服电话：010 - 83938350
举报盗版邮箱：jbwq@ lawpress.com.cn　咨询电话：010 - 63939796
版权所有·侵权必究

书号：ISBN 978 -7 -5244 -0241 -1　　　　定价：58.00 元
凡购买本社图书，如有印装错误，我社负责退换。电话：010 - 83938749

目 录

第一章 司法鉴定管理与司法鉴定质量概览 ………………… 1
 第一节 我国司法鉴定管理的发展沿革 ………………… 2
 第二节 司法鉴定管理与司法鉴定质量 ………………… 10
 第三节 司法鉴定管理改革的路径选择 ………………… 19

第二章 静态准入模式下的司法鉴定行业困境 ……………… 30
 第一节 持续扩容的司法鉴定行业 ……………………… 31
 第二节 趋于泛滥的行业现实困境 ……………………… 40
 第三节 静态准入模式的局限与不足 …………………… 47

第三章 严把入口关的司法鉴定准入研究 …………………… 55
 第一节 现行司法鉴定准入制度的厘清 ………………… 56
 第二节 司法鉴定准入管理存在的问题 ………………… 65

第三节　司法鉴定准入制度的改革路径 ……………………… 80

第四章　夯实行业质量的司法鉴定管理研究 ………………………… 99
　　第一节　司法鉴定管理与鉴定行业发展 ……………………… 100
　　第二节　司法鉴定管理实践反思 ……………………………… 109
　　第三节　夯实质量的司法鉴定管理进路 ……………………… 119

第五章　实时动态监管的司法鉴定监督研究 ………………………… 139
　　第一节　司法鉴定监督管理的界说与厘清 …………………… 140
　　第二节　全生命周期的动态监管模式构建 …………………… 145
　　第三节　司法鉴定退出与淘汰机制的完善 …………………… 150
　　第四节　司法鉴定违法执业的追究与严惩 …………………… 156

第六章　"四类外"司法鉴定管理的完善与优化 …………………… 163
　　第一节　"四类外"司法鉴定基本情况 ……………………… 163
　　第二节　"四类外"司法鉴定管理的难点 …………………… 170
　　第三节　"四类外"司法鉴定管理的优化路径 ……………… 175

参考文献 ………………………………………………………………… 182
后　　记 ………………………………………………………………… 191

第一章 司法鉴定管理与司法鉴定质量概览

司法鉴定作为实现司法公正的专门性保障制度,其结构体系科学与否直接影响诉讼发现真实功能的发挥。鉴定具有科学性,它是一项借助科学知识、科学仪器和科学方法进行检验分析并具有主体性的活动;同时也具有较强的法律性,其实质是一种产生并服务于诉讼的证据"制造"活动和证据收集活动。[①] 只有以司法鉴定质量为目标指引,才能确保这一活动真正为诉讼提供客观、公正的"产品"。除司法鉴定依赖的科学技术或专门知识能够维系其应有价值外,科学的司

[①] 参见霍宪丹主编:《司法鉴定管理概论》,法律出版社2014年版,第16页。

法鉴定管理制度对于确保司法鉴定"行为公正、程序规范、方法科学、数据准确、结论可靠"有着重要意义。科学的司法鉴定管理制度直接作用于鉴定执业行为的规范、鉴定活动秩序的维护、鉴定执业环境的优化,保障鉴定人依法独立执业,促使鉴定行业良性发展,为诉讼活动提供优质、可靠的服务。

第一节 我国司法鉴定管理的发展沿革

2005年,全国人大常委会颁布并实施的《关于司法鉴定管理问题的决定》(以下简称《决定》,已于2015年修正),为司法鉴定管理改革提供了法律依据,在司法鉴定制度改革中具有里程碑意义。[1] 虽然《决定》的实施为司法鉴定制度改革确定了前行方向和基本框架,但从其发展的实践来看,司法鉴定工作还存在改革不到位、发展不平衡、制度不完善等问题和不足。[2] 加之《决定》本身的条文较少,[3]某些规定还存在瑕疵,而且其规定的内容主要集中在司法鉴定登记管理方面,这也在一定程度上导致其应有的功能未得到充分发

---

[1] 参见王敏远、郭华:《我国司法鉴定体制改革的检视与评价——〈关于司法鉴定管理问题的决定〉实施三年来的情况分析与评价》,载《中国司法》2008年第12期。

[2] 参见邓甲明、刘少文:《纪念〈关于司法鉴定管理问题的决定〉实施十周年司法鉴定工作回顾及展望》,载《中国法律(中英文版)》2015年第5期。

[3] 2005年10月1日起施行,2015年4月24日修改的全国人大常委会《关于司法鉴定管理问题的决定》共18条。

挥。司法鉴定的问题不仅涉及登记管理维度,还涉及其他相关制度的共同参与。因此,《决定》尚不能肩负司法鉴定改革之重担,其更多的是拉开司法鉴定改革的序幕,而非司法鉴定改革的终结标志。

一、司法鉴定管理改革前的状况厘清

我国早期的司法鉴定主要集中在刑事诉讼领域。1949年之后,我国司法制度呈现出"重实体轻程序""注重打击犯罪"的色彩。我国陆续建立了一批以从事侦查工作为主的刑事技术和检验鉴定机构,这些机构的设置与发展,系基于职能部门办理刑事案件的实践需要,在较长一段时间内,鉴定机构都被作为职能部门的内设机构存在于公安机关内部,承担着侦查破案的职能。从某种程度上来说,前述模式更多的是一种在实践中形成的非制度性的职能部门模式。这种基于职能的构架自20世纪50年代形成之后,在司法实践中持续了很长一段时间。司法鉴定作为实践经验的产物不但为立法所吸收,而且《中华人民共和国刑事诉讼法》(以下简称《刑事诉讼法》)亦将"鉴定"作为侦查行为的组成部分,进而促使鉴定机构的职能部门模式得以为法律所固定。[①]

[①] 《刑事诉讼法》将"鉴定"作为侦查行为组成部分的立法导向,从"鉴定"所处的篇章结构即可见一斑。该法第二编"立案、侦查和提起公诉"中,第二章"侦查"的第七节即为"鉴定"。该法在历次修改中,"鉴定"的章节位置并未发生过改变。现行《刑事诉讼法》将"鉴定"归在"侦查"部分中,与大部分法治国家的定位及我国司法实践、刑事诉讼理论和刑事证据制度相冲突。建议重新定位"司法鉴定",将其归入"证据"部分,以适应司法实践的需求。参见杜志淳:《刑诉法修改与司法鉴定》,载《法制日报》2011年8月31日,第10版。

改革开放后,为适应加强民主和健全法治的需要,我国陆续在审判机关、检察机关和医院、高校、科研机构内设立了一批法医、物证等方面的鉴定机构。① 自此,鉴定机构又进一步分化为职能部门的鉴定机构和面向社会服务的鉴定机构。这些鉴定机构虽然为侦查、起诉、审判等诉讼活动做出了不少贡献,但对于司法体制、诉讼制度改革和公民维权等客观要求,还存在诸多难以调适之处。

面对诉讼活动鉴定需求范围的不断扩大及其自身业务量的日趋提升,公检法机关逐步将原本鉴定事项较为单一——主要为法医鉴定的鉴定机构,发展成"小而全"的鉴定机构。然而,这些"小而全"的鉴定机构隶属于不同职能部门,且公检法机关的性质、任务亦不相同,各自的技术力量也有差异,因此对于某些案件的鉴定经常会出现分歧。随着我国法治建设的深入推进以及公民法律意识的提升,原有鉴定机构的设置逐渐难以跟上诉讼制度改革的脚步。鉴定机构设置上"自立门户"和管理上"各自为政",再加上对鉴定人资格、鉴定技术标准、鉴定程序规则等缺乏统一规定,出现了"多头鉴定""重复鉴定"以及"久鉴不决"的问题。公检法机关基于"工作效率需要"形成的分设鉴定机构的体制又因"多头鉴定""重复鉴定"等问题反过来影响

---

① 参见张军主编:《中国司法鉴定制度改革与完善研究》,中国政法大学出版社2008年版,第40页。

了"效率"价值的实现。①

诉讼活动中涉及的专门性问题的范围不断扩大,对于鉴定范围也提出了相应要求,这也使得原有职能部门的鉴定机构难以满足诉讼实际需求。1998 年,国务院"三定"(定职能、定机构、定人员编制)方案赋予司法部指导面向社会服务的司法鉴定工作职能。随后,司法部颁布了《司法鉴定机构登记管理办法》(司法部令第 62 号)(已失效)、《司法鉴定人管理办法》(司法部令第 63 号)(已失效)、《司法鉴定执业分类规定(试行)》(司发通〔2000〕159 号)(已失效)以及《司法部关于组建省级司法鉴定协调指导机构和规范面向社会服务的司法鉴定工作的通知》等部门规章、规范性文件。部分省市也相继制定了有关司法鉴定管理问题的地方性法规。此次改革并未涉及"自侦自鉴""自检自鉴""自审自鉴"等体制问题,而是将鉴定机构的设置作为改革内容,并明确了"面向社会服务的司法鉴定"的管理主体。但因涉及司法鉴定管理体制的改变与司法鉴定管理权配置等问题,必然触及公检法机关的鉴定权力和部门利益,进而引发了司法行政部门和公检法机关在"面向社会服务的司法鉴定"问题上的不同解读。同时,鉴于《刑事诉讼法》并未规定犯

---

① 参见王敏远、郭华:《司法鉴定与司法公正研究》,知识产权出版社 2009 年版,第 29~30 页。

罪嫌疑人、被告人、被害人的鉴定申请权,①即使申请补充鉴定或重新鉴定的权利也难以得到落实。当事人往往自行委托由司法行政部门管理的面向社会服务的鉴定机构进行鉴定,并利用其所出具的不同于公检法机关鉴定机构的意见来寻求抗辩。鉴定意见的冲突加剧了"重复鉴定""多头鉴定"等问题,严重消解了司法鉴定对于司法公正与司法效率的保障作用。

我国早期的司法鉴定制度在司法鉴定管理方面存在不少问题,影响了司法鉴定的科学性、客观性和准确性。② 2001年两会期间,来自8个省的266名全国人大代表提出:改革司法鉴定管理体制,加快制定司法鉴定的法规制度。提案进行司法鉴定体制改革与创新的人数,仅次于提案修改《中华人民共和国公司法》的人数,位列第二。③ 可见,司法鉴定管理在实践中的弊端日益凸显。

2002年,全国人大常委会初次审议《关于司法鉴定管理问题的决定(草案)》后,因相关部门分歧较大,该草案被暂时搁置。2004年,国务院为贯彻《中华人民共和国行政许可法》(以下简称《行政许可法》),以《国务院对确需保留的行政审批项目

---

① 《刑事诉讼法》第146条规定,为了查明案情,需要解决案件中某些专门性问题的时候,应当指派、聘请有专门知识的人进行鉴定。第148条规定,侦查机关应当将用作证据的鉴定意见告知犯罪嫌疑人、被害人。如果犯罪嫌疑人、被害人提出申请,可以补充鉴定或者重新鉴定。

② 参见全国人大常委会法制工作委员会刑法室编著:《全国人民代表大会常务委员会关于司法鉴定管理问题的决定释义》,法律出版社2005年版,第57页。

③ 参见刘飏:《推进司法鉴定制度改革创新》,载《中国司法》2001年第10期。

设定行政许可的决定》(国务院令第412号)的形式,将司法部关于司法鉴定机构和司法鉴定人的审批纳入确需保留的行政许可事项范围。2004年年底,《中共中央转发〈中央司法体制改革领导小组关于司法体制和工作机制改革的初步意见〉的通知》(中发〔2004〕21号)明确了司法鉴定改革的前行道路。2005年2月28日,第十届全国人民代表大会常务委员会第十四次会议通过了《决定》,标志着司法鉴定的改革跨出了关键一步。

二、司法鉴定管理改革后的状况分析

《决定》的施行,为我国司法鉴定提供了重要的法律遵循。[1] 作为改革司法鉴定管理体制的重要法律文本,其旨在借助"统一的司法鉴定人和鉴定机构的登记管理制度"来解决鉴定人和鉴定机构的登记制度不统一造成的鉴定资源配置不合理、重复浪费等问题。[2]《决定》明确将司法鉴定管理职能赋予司法行政部门,在厘清诉讼职能与司法鉴定管理职能的同时,通过登记管理等制度,强化鉴定的司法保障功能。然而,司法鉴定管理的改革在发展过程中又滋生了诸多新问题。这些新问题引发了理论界与实务界对于改革路径的审视。有学者指出,我国司法鉴定制度改革存在缺乏整体设计的问题。司法鉴定制度改革是一项

---

[1] 参见纪念:《浅析〈全国人大常委会关于司法鉴定管理问题的决定〉的立法缺憾》,载《中国司法鉴定》2006年第2期。

[2] 参见全国人大常委会法制工作委员会刑法室编著:《全国人民代表大会常务委员会关于司法鉴定管理问题的决定释义》,法律出版社2005年版,"前言"第1页。

系统工程,若采取"头痛医头,脚痛医脚"的办法,没有相应配套措施,则只能是"旧病未除,又添新病"。①

《决定》第 7 条规定,侦查机关设立的鉴定机构不得面向社会接受委托从事司法鉴定业务,人民法院、司法行政部门不得设立鉴定机构。因此,有人担心出现为社会提供服务的司法鉴定力量大幅衰减,甚至阻碍诉讼活动有序推进的情形。虽然担心的情形并未出现,但《决定》以及《司法鉴定机构登记管理办法》(司法部令第 95 号)、《司法鉴定人登记管理办法》(司法部令第 96 号)规定的司法鉴定准入门槛较低②,导致大量社会鉴定机构涌入司法鉴定领域,司法鉴定管理改革过程中出现了司法鉴定机构、鉴定人"良莠不齐""鱼龙混杂"等新问题。同时,《决定》对于司法鉴定机构的性质并未作出规定,这势必导致鉴定机构自觉或不自觉地迈向社会化,社会化过程中又不断呈现出司法

---

① 参见常林:《谁是司法鉴定的"守门人"?——〈关于司法鉴定管理问题的决定〉实施五周年成效评析》,载《证据科学》2010 年第 5 期。

② 《决定》第 4 条、第 5 条规定了司法鉴定人、司法鉴定机构的准入条件。第 4 条规定:"具备下列条件之一的人员,可以申请登记从事司法鉴定业务:(一)具有与所申请从事的司法鉴定业务相关的高级专业技术职称;(二)具有与所申请从事的司法鉴定业务相关的专业执业资格或者高等院校相关专业本科以上学历,从事相关工作五年以上;(三)具有与所申请从事的司法鉴定业务相关工作十年以上经历,具有较强的专业技能。因故意犯罪或者职务过失犯罪受过刑事处罚的,受过开除公职处分的,以及被撤销鉴定人登记的人员,不得从事司法鉴定业务。"第 5 条规定:"法人或者其他组织申请从事司法鉴定业务的,应当具备下列条件:(一)有明确的业务范围;(二)有在业务范围内进行司法鉴定所必需的仪器、设备;(三)有在业务范围内进行司法鉴定所必需的依法通过计量认证或者实验室认可的检测实验室;(四)每项司法鉴定业务有三名以上鉴定人。"

鉴定机构被市场化的现象。虽然司法鉴定机构社会化在一定程度上实现了鉴定机构的独立性，但其也诱导着司法鉴定向市场化转变。这不仅背离了司法鉴定管理改革的初衷，亦使实践中不断出现"问题鉴定"。"虚假鉴定""人情鉴定""金钱鉴定"等的发生，使司法鉴定机构在诚信上存在诸多问题，扰乱了司法鉴定活动乃至整个诉讼活动的正常开展，严重影响了司法鉴定机构在人民群众中的公信力。[①]

狭义的司法鉴定管理，是指司法行政机关对申请设立司法鉴定机构，取得司法鉴定许可证和司法鉴定人执业证，以及对司法鉴定执业活动所进行的审核登记、行政许可、名册编制、执业监督、违规处理、教育培训、质量建设、资质评估、检查指导等活动。[②] 司法鉴定主管部门行政监管力度的强弱以及监管手段的完善与否，直接决定着整个司法鉴定行业能否规范化发展。设定与权利相适应且恰当的法律责任，有利于提升司法鉴定机构、鉴定人的法律责任意识、社会责任意识以及执业风险意识。《决定》《司法鉴定机构登记管理办法》《司法鉴定人登记管理办法》就主管部门对司法鉴定机构、鉴定人的监督管理以及法律责任作出了规定。但总体来说，其中涉及监督管理的内容较少，事中事后监管的手段较为单一。以《决定》为代表的司法鉴定

[①] 参见陈君武：《司法鉴定机构诚信等级制度研究——基于司法鉴定行业实践分析》，载《中国司法鉴定》2023年第2期。

[②] 参见霍宪丹主编：《司法鉴定学》，中国政法大学出版社2010年版，第69页。

管理改革举措,在监督管理、违规惩处和法律责任等方面过于薄弱,难以满足规范司法鉴定活动,并构建司法鉴定良性秩序的应然性改革要求。

"无论我们探索什么领域,它们都会在某些细节中体现出来,即变革的倾向和保守的倾向。如果没有它们,万物将不复存在。没有变革成分的纯粹保守亦不能持久,毕竟环境在不断变动,墨守成规,新鲜感就会消失在无形之中。"①司法鉴定管理的改革亦是如此,其是一个循序渐进的过程,并不可能一蹴而就。虽然《决定》受制于各类因素,还有着不甚完善之处,甚至还存在诸多缺憾,但以《决定》为代表的司法鉴定管理改革的各类举措,对于我国司法鉴定制度改革,乃至整个司法制度改革都做出了相应贡献。

第二节 司法鉴定管理与司法鉴定质量

《现代汉语词典》中的"管理"一词,有着三个维度的解释:(1)负责某项工作使顺利进行;(2)保管和料理;(3)照管并约束(人或动物)。② 司法鉴定管理语境下的"管理",应作"负责

---

① 参见[美]本杰明·N.卡多佐:《法律的成长——法律科学的悖论》,董炯、彭冰译,中国法治出版社2002年版,第12页。
② 参见中国社会科学院语言研究所词典编辑室编:《现代汉语词典》(第6版),商务印书馆2012年版,第481页。

某项工作使顺利进行"理解,系对特定系统或组织拥有管辖权的主体,为了使特定系统或组织达到并保持最佳状态,以实现特定目的,而对其所实施的相关行为。显然,"达到并保持最佳状态"所指即司法鉴定质量与公信力的价值目标。司法鉴定应有价值的实现,除了需要良好的诉讼制度和证据制度外,与司法鉴定管理制度的保障亦密不可分。

司法鉴定管理制度对司法鉴定行业的发展走向有着直接影响。如果规定的鉴定准入门槛低于司法鉴定的发展要求,则有可能产生大量"错鉴"问题,甚至出现"劣币驱逐良币"的现象;司法鉴定活动缺乏统一规范,或者缺乏严格监管,则有可能令原本属于"科学证据"范畴的司法鉴定出现质量低下、公信力削弱的问题。

一、司法鉴定意见的诉讼功能价值及其制度保障

鉴定意见同其他证据一样,在诉讼中均不具有预设的证明效力。但司法鉴定人作为专家,其所具有的专门知识使鉴定意见在诉讼实践中发挥着重要的作用。世界各国的成文法或判例法皆选择用司法鉴定制度解决诉讼涉及的专门性问题,并保持司法鉴定制度与诉讼制度、证据制度之间的沟通互动。因此,司法鉴定制度,尤其是司法鉴定管理制度,系基于鉴定意见对案件事实的证明功能而产生的。司法鉴定管理制度的基本构造,直接作用于鉴定意见的功能发挥;鉴定意见的功能在诉讼活动中能否得到充分发挥,又将影响司法鉴定管理制度改革的前进路径。

随着社会经济的发展与科学技术的进步,诉讼活动中经常会出现各类专门性问题。有学者指出,"在目前的司法实践中,有30%~40%的案件会涉及科学技术与专门知识问题,如伤残等级评定、死亡原因认定、精神疾病鉴别、亲缘关系判定、会计司法鉴定、计算机电子取证等"①。这些专门性问题已然成为确保司法公正的关键。鉴于诉讼中单纯的审理活动难以解决此类专门性问题,这就使得"越来越多对诉讼程序非常重要的事实现在只能通过高科技手段查明"②。因此,通过程序规则将专门性问题递转至司法鉴定,并寻求具有专门知识的鉴定人进行鉴别和判断,就成为一种理所当然的制度性选择。以《司法鉴定程序通则》(司法部令第132号)为例,现行《司法鉴定程序通则》对委托鉴定程序的规定基本上采纳了学界"以司法机关委托为主"和"以诉讼当事人委托为辅"的建议。这一修订不仅解决了2007年《司法鉴定程序通则》(司法部令第107号)委托主体不明确的问题,也凸显出与司法鉴定概念的一致性,还与我国职权主义的诉讼模式相吻合,消除了目前我国司法鉴定委托过于当事人化给司法鉴定权威性带来的负面影响,从制度上抑制了司

---

① 参见杜志淳、丁笑梅:《国外法律人才培养模式述评》,载《华东政法大学学报》2011年第3期。

② 参见[美]米尔建·R.达马斯卡:《漂移的证据法》,李学军等译,中国政法大学出版社2003年版,第200页。

法鉴定诚信问题的蔓延与司法鉴定市场化的趋势。①

鉴定意见是在诉讼活动中,鉴定人运用科学技术或者专门知识对诉讼涉及的专门性问题进行鉴别和判断后提供的意见。无论是鉴定意见聚焦证据真伪的识别功能、确认案件事实的印证功能,还是分析因果关系的评判功能,都与其所处的诉讼制度、证据制度有关,更与司法鉴定制度紧密相连。鉴定人借助鉴定材料,回溯并揭示案件事实,出具鉴定意见。相较于其他证据种类,鉴定意见在贴近案件事实的途径、方法上有所区别,但其本身并未脱离案件事实本源,这也使得鉴定意见带有更多的制度性因素。同时,鉴定意见的诉讼功能又会因诉讼制度、证据制度的差异而使司法鉴定制度,尤其是司法鉴定管理制度作出不同的设计。英美法系国家实行的专家证人制度多依赖于当事人的诉讼权利行使与两造之间的直接对抗来揭示专家证言的证伪问题,专家证人资格则采用庭中确认制。大陆法系国家则往往将司法鉴定人视为法官的"科技助手",在制度设计上侧重于发挥鉴定意见对诉讼涉及的专门性问题的判断功能,故更为关注司法鉴定人的资格和司法鉴定机构的中立性。司法鉴定人资格也多采用庭前确认制。英美法系的专家证人制度,由于过于追求庭审对鉴定意见可靠与否的揭示功能,势必会削弱司法鉴定人的作用,并侵蚀司法鉴定机构的中立性。由此带来的"久鉴

---

① 参见郭华:《司法鉴定程序通则的修改与解读》,载《证据科学》2016年第4期。

不决""重复鉴定"等问题,也将直接影响司法效率。倘若完全照搬大陆法系国家的职权主义模式,则可能会面临诉讼制度与司法鉴定制度无法适应的窘境,从而导致当事人的诉讼权利消减进而影响司法公正。因此,我国的司法鉴定制度改革应当在坚守"司法鉴定机构中立性""司法鉴定人资质条件"等核心要素的基础上,增加专家证人制度中的对抗性因素。

需要注意的是,鉴定意见以人的陈述、意见作为证据存在与表现的具体形式,这也揭示出其属于言词证据的范畴。《牛津法律大辞典》将其表述为"Opinion Evidence",即就争议中的诸如死亡原因等问题经专家鉴定而提出的证据,专家的鉴定是基于他的专业或实践知识与经验,对他观察到或确定了的或者向他报告的事实所作出的。[1] 这一界定亦明确了鉴定意见的言词证据性质。鉴定意见不仅要研究与案件事实有关的现象、特征,还要运用科学知识进行逻辑推理分析,揭示案件事实真相,因而鉴定意见有一定的主观性。[2] 人的主观性因素的介入、鉴定材料的数量与质量、鉴定人的认知能力与水平、鉴定方法的选择与运用等,都有可能使鉴定人对专门性问题的判断产生不同程度的偏差。可见,任何司法鉴定制度的构建与落实,都不可能完全

---

[1] 参见[英]戴维·M.沃克:《牛津法律大辞典》,北京社会与科技发展研究所组织翻译,光明日报出版社1988年版,第655页。转引自郭金霞:《鉴定结论适用中的问题与对策研究》,中国政法大学出版社2009年版,第17页。

[2] 参见拜荣静、王世凡:《司法鉴定程序法律问题研究》,中国社会科学出版社2010年版,第158页。

杜绝鉴定意见的偏差。

司法鉴定管理制度作为司法鉴定制度不可或缺的组成部分，具有对司法鉴定人和司法鉴定机构进行管理的重要职能。通过司法鉴定管理改革，强化对司法鉴定人和司法鉴定机构的管理能力，直接关系司法鉴定质量和公信力。司法鉴定人是鉴定意见的实施主体。根据《决定》第10条的规定，司法鉴定实行鉴定人负责制度。鉴定意见实质上是一种个人意见，是鉴定人凭借其专门知识对某个问题作出的一种认识和判断。鉴定意见是否客观、准确，取决于鉴定人的科学技术掌握能力和判断能力，应当由鉴定人自己负责。① 司法鉴定机构则是鉴定人依法执业的场所，是为诉讼活动提供科学鉴定的组织。因此，就应当发挥的诉讼功能而言，鉴定意见借助司法鉴定管理改革的深化，能够有效保障司法鉴定质量和维护司法鉴定行业的公信力。

二、司法鉴定管理与司法鉴定质量

司法鉴定管理所要实现的目标是"达到最佳状态并保持"。这一目标的核心实则就是对司法鉴定质量的追求。需要注意的是，广义的司法鉴定管理，除行政管理活动外，还包括司法鉴定

---

① 参见全国人大常委会法制工作委员会刑法室编著：《全国人民代表大会常务委员会关于司法鉴定管理问题的决定释义》，法律出版社2005年版，第28页。

机构自身的管理活动和司法鉴定协会的管理活动。① 仅就狭义的司法鉴定管理而言,科学完善的司法鉴定管理改革进路能够使司法行政部门依法充分发挥服务和保障职能,通过严格准入、严格监管以及严肃淘汰,有效保证司法机关和诉讼当事人得到高质量的鉴定服务,提升司法鉴定行业的服务能力,促进行业的规范发展以及业务的规范进行,从而充分保障司法机关正确、高效地审查、认定证据,独立、公正地行使法定职权,进一步提升司法权威。②

证据是认定案件事实的依据,诉讼过程就是运用证据查明案件事实并适用法律作出裁判的过程。现代诉讼中,裁判必须建立在诉讼证据的基础之上的观念早已成为一项重要的诉讼原则,即"证据裁判原则"或称"证据裁判主义"。③ 从某种意义上讲,"打官司就是打证据"。在诸多证明方法中,鉴定作为最富科学性的手段,往往被视为最可靠的证明方法。不过,即使拥有科学性、可靠性的"背书",也并不意味着鉴定就必然不容置疑。司法鉴定涉及的专门知识具有科学性,并不意味着运用其所获得的结论也有着必然的科学性。"如果科学自身还不是非常坚

---

① 参见霍宪丹主编:《司法鉴定学》,中国政法大学出版社2010年版,第69页。
② 参见张军主编:《中国司法鉴定制度改革与完善研究》,中国政法大学出版社2008年版,"序言"第7页。
③ 参见陈光中主编:《证据法学》(修订版),法律出版社2013年版,第153页。

实,那么建筑在这个不坚实的基础之上的法律制度就有可能坍塌。"①鉴定意见是否"坚实",往往取决于鉴定专门技术的科学与否。任何一个鉴定环节或因素一旦发生问题,就有可能影响鉴定意见的科学性、可靠性。因此,司法鉴定管理改革与科学原则的交汇,决定了司法鉴定必须坚持质量至上,以质量为生命、以质量为根本,通过严格管理,确保司法鉴定的科学性、可靠性。

鉴于司法鉴定管理在保障司法鉴定质量方面的特殊意义,在设计改革进路时,还须坚持鉴定独立原则。司法鉴定的质量与司法鉴定人实施鉴定活动的独立程度密切相关。如果司法鉴定管理改革不能很好地解决司法鉴定人的独立性问题,鉴定意见在实践中的公信力也极难确立。司法鉴定管理改革对于鉴定独立原则的追求,有助于保障司法鉴定人依据科学知识和科学规律准确进行鉴定,防止关系、人情、金钱等因素的干扰。反之,若存在"关系鉴定""人情鉴定""金钱鉴定"等严重影响鉴定意见质量的问题,则须进一步严格监管,加大惩处力度。只有真正实现司法鉴定人独立鉴定,方可切实保障鉴定意见的客观性和公正性。

由于司法鉴定涉及的专门性知识需要借助高科技手段来揭示,因此人们对鉴定意见有一种莫名的笃信,甚至是某种程度上的崇拜。即使鉴定意见存在偏差或错误,普通人也往往难以有

---

① 参见苏力:《法律与科技问题的法理学重构》,载《中国社会科学》1999年第5期。

效纠正。从当前司法鉴定行业暴露出的诸多问题来看,最大的原因是司法鉴定管理的缺位,这属于司法鉴定制度层面的问题。"法院之判决几乎以各鉴定机构之鉴定结果作为认定事实之依据,故鉴定制度设计是否周全,直接影响司法机关之审判品质,并可深刻强化对人民诉讼权利之保障。"①司法鉴定制度的改革中,管理制度是核心。如果对司法鉴定人的资质、条件、能力等无法严格把控,也就难以实现对司法鉴定机构的严格要求,更谈不上以统一的严格标准来提升司法鉴定的质量。

司法鉴定的质量如何,主要体现于鉴定意见能否准确鉴别诉讼中的专门性问题,能否经得起庭审质证,并为法院所采纳、采信,是否具有社会公信力,是否经得起历史检验。作为狭义的司法鉴定管理主体,司法行政部门对于司法鉴定质量的管理和监督,主要通过督促司法鉴定人、司法鉴定机构提升鉴定能力,落实鉴定程序和技术标准,依法处理投诉争议,以及推进认证认可等改革进路来实现。司法鉴定人的个体资质能力和司法鉴定机构的总体技术能力,是决定司法鉴定质量的关键因素。鉴定能力的保持和提升,除了依靠司法鉴定人和司法鉴定机构内部的实践与学习外,司法鉴定主管部门还应借助外部监督管理,并通过相应机制的构建来加以引导和推动。司法鉴定认证认可机制可以对司法鉴定机构质量管理体系是否有效进行查验,对司

---

① 参见朱富美:《科学鉴定与刑事侦查》,中国民主法制出版社 2006 年版,第 8 页。

法鉴定的各项质量要素予以检视,最终聚焦司法鉴定质量的监管。能力验证计划作为司法鉴定认证认可机制的重要一环以及司法鉴定质量管理的必备方式,不仅符合国际认证认可的通行惯例,也是司法鉴定技术管理中的有益尝试与实践。其同样需要借助司法鉴定改革的完善,来实现对司法鉴定质量的提升。

第三节　司法鉴定管理改革的路径选择

作为司法鉴定管理改革的里程碑,《决定》的出台已然拉开了司法鉴定管理改革的大幕。经过长期实践,我国司法鉴定管理改革"从'积极推进'到'稳妥发展'再到'深化完善',基本形成了司法鉴定统一管理体制,改革在制度的公正性上取得了显著进展"①。但与此同时,司法鉴定管理工作中存在的不少"疾患"仍未得到很好解决,以致预期的立法目标未能全面落实。其缘由是相关职权履行缺位进而滋生鉴定失序,尤其是"鉴定

---

① 参见霍宪丹、郭华:《进一步改革完善司法鉴定管理制度的基本思路》,载《中国司法》2014年第1期。

黄牛""人伤黄牛"等问题,进一步加剧了鉴定之无序。①

一、不断深化的司法鉴定管理改革

2017年,中共中央办公厅、国务院办公厅印发了《关于健全统一司法鉴定管理体制的实施意见》(以下简称《实施意见》),这是继《决定》后有关统一司法鉴定管理体制的又一重要政策性、纲领性、方向性文件,具有承上启下、继往开来的功效。② 为贯彻落实《实施意见》,切实加强司法鉴定管理和监督,提高司法鉴定质量和公信力,保障诉讼活动顺利进行,增强人民群众对公平正义的获得感,司法部作为全国司法鉴定工作的主管部门,根据司法鉴定行业发展总体情况,相继制定并发布了《司法部关于严格准入 严格监管 提高司法鉴定质量和公信力的意见》(司发〔2017〕11号)(以下简称《双严十二条》)、《司法部关于进一步深化改革 强化监管 提高司法鉴定质量和公信力的

---

① 司法部办公厅《关于开展司法鉴定行业警示教育活动的通知》(司办通〔2019〕78号)指出,上海、浙江等地"人伤骗保""司法鉴定黄牛"案件中,暴露出司法鉴定行业不正之风。该通知所附的警示教育案例一,即为"上海'人伤骗保'案"。2018年2月,上海市司法局收到市委政法委转来的有关投诉材料。经深入核查有关线索,发现上海市个别鉴定机构、鉴定人与"人伤黄牛"勾连,存在"人伤骗保"、虚假鉴定等违法违规行为。2018年8月24日,市司法局正式向市公安局经侦总队移送了有关案件线索材料。此后,市司法局积极协助市公安局开展调查工作,多次组织专家对涉案鉴定检案进行评查。上海市公安局在市司法局、原中银保监局的密切配合下开展深入调查。上海警方对系列保险诈骗案开展集中收网行动,共摧毁12个盘踞在上海各区的"人伤骗保"犯罪团伙,抓获125名犯罪嫌疑人。

② 参见郭华:《健全统一司法鉴定管理体制的实施意见的历程及解读》,载《中国司法鉴定》2017年第5期。

意见》(司发〔2020〕1号)等规范性文件。鉴于司法鉴定管理改革实践中仍存在不尽如人意之处,以《实施意见》《双严十二条》等为代表的指引性文件,进一步强调司法行政管理的有效性以及提升司法鉴定能力的保障力度,以期不断深化司法鉴定管理改革。

司法鉴定行业的特殊性决定了其发展会受到诸多因素的影响。其中,基础性影响因素是司法鉴定机构和司法鉴定人的准入问题,其直接关系到司法鉴定的质量。司法鉴定人、司法鉴定机构在司法鉴定管理改革中十分关键,若缺乏达标的司法鉴定人、司法鉴定机构,无论多精细、完备的司法鉴定管理制度也只能是空中楼阁。据统计[1],2005年至2017年,由司法行政部门登记管理的司法鉴定机构数量呈持续上升状态,司法鉴定行业迈入了飞速发展期,且日趋饱和。对于司法行政部门而言,现行规定偏低的司法鉴定准入门槛,使得其登记管理的司法鉴定机构、司法鉴定人出现大肆扩张和鱼龙混杂等情形。通过司法鉴定管理制度来消解司法鉴定机构、司法鉴定人泛滥的弊端,其改革措施必须涉及准入门槛的提升。然而,鉴于《决定》规定了司法鉴定准入条件,若擅自提升准入门槛,不免有与上位法冲突且不依法行政之虞。因此,在当前上位法并未作出修改之际,《双严十二条》规定的司法鉴定机构、司法鉴定人"严格准入",不失

---

[1] 有关司法鉴定机构、司法鉴定人数量的统计情况与数据分析,本书将在第二章作详细阐释。

为一种相对变通且较为务实的做法。2018年司法部、生态环境部联合印发的《环境损害司法鉴定机构登记评审细则》(司发通〔2018〕54号)、2021年司法部印发的《法医类 物证类 声像资料司法鉴定机构登记评审细则》(司规〔2021〕2号)的陆续颁布施行,一定程度上细化了司法鉴定的准入条件与门槛。

《双严十二条》旨在解决司法鉴定机构、司法鉴定人管理中存在的问题,通过严格准入和严格监管双管齐下,来提高司法鉴定质量和公信力。简单来说,在准入范围方面,没有法律、法规依据的,一律不予准入登记;在准入条件方面,申请人必须自有必备的、符合使用要求的仪器设备,自有开展司法鉴定业务必需的依法通过计量认证或者实验室认可的检测实验室。申请人应身体健康,能够胜任鉴定和出庭作证工作。同时,还应完善退出机制。司法鉴定机构、司法鉴定人不再符合申请条件或执业条件的,应当予以注销;设立司法鉴定机构的法人或者其他组织依法终止的,应当注销司法鉴定许可。未经省级司法行政部门批准,司法鉴定机构、司法鉴定人擅自停业、歇业,长期无正当理由拒绝接受鉴定委托、不具体从事鉴定业务,经限期整改后仍拒不执业,符合注销登记条件的,依法予以注销。

二、司法鉴定管理改革的优化路径选择

解决《决定》施行以来暴露出的问题,需要进一步深化司法鉴定管理改革,全面强化司法鉴定管理机制,对司法鉴定机构、司法鉴定人、司法鉴定程序以及司法鉴定技术标准、技术规范等进行科学设置和规范,从而保障司法鉴定意见的科学性、权威性和公信力。司法鉴定所具有的诉讼保障功能,使得其不仅涉及行政管理,还关系司法活动。为此,在选择司法鉴定管理改革的优化路径时,司法鉴定主管部门须严格把握司法鉴定机构和司法鉴定人准入标准,加强对鉴定能力和质量的管理,规范鉴定行为,强化执业监管,健全淘汰退出机制,清理不符合规定的司法鉴定机构和司法鉴定人,推动司法鉴定工作依法有序进行。① 具体来说,司法鉴定管理改革,特别是在司法鉴定机构、司法鉴定人的准入、管理和监督方面,应从以下角度进一步深化。

(一) 设置严进宽出的司法鉴定准入与退出机制

近年来,针对涉及司法鉴定的社会热点问题,作为全国司法鉴定主管部门的司法部曾作出回应,强调加强监管确保鉴定质

---

① 最高人民法院、司法部《关于建立司法鉴定管理与使用衔接机制的意见》(司发通〔2016〕98号)提出:"司法行政机关要严格按照《决定》规定履行登记管理职能,切实加强对法医类、物证类、声像资料、环境损害司法鉴定以及根据诉讼需要由司法部商最高人民法院、最高人民检察院确定的其他应当实行登记管理的鉴定事项的管理,严格把握鉴定机构和鉴定人准入标准,加强对鉴定能力和质量的管理,规范鉴定行为,强化执业监管,健全淘汰退出机制,清理不符合规定的鉴定机构和鉴定人,推动司法鉴定工作依法有序进行。"

量的重要性。① 同时指出,在准入门槛是否严格、准入以后的管理是否到位等问题上,还有很大的努力空间。前述问题的背后,皆涉及司法鉴定准入与退出机制的问题。

诚然,《决定》对司法鉴定的准入有相关规定,但设定的门槛过低,且规定过于原则,使其在运行中仍存在不少缺陷。除少数国家事业单位设立的司法鉴定机构外,还存在大量"私立"鉴定机构,虽然它们有些也打着社会团体或机构的幌子,但本质是赤裸裸的"个体户"。低门槛、高回报使得司法鉴定机构在全国如雨后春笋般地成立。② 此外,长期以来引发司法鉴定行业乱象的一大问题就是:司法鉴定只有准入机制,无退出机制。《司法鉴定机构和司法鉴定人退出管理办法(试行)》(司规〔2021〕5号)直至 2021 年 12 月 28 日才印发施行,低门槛的准入,加之较长时间处于缺位状态的退出机制,使得实践中各类鉴定问题凸显。不少司法鉴定机构只要拿到了"通行证",就会因为没有违

---

① 2017 年 3 月 12 日,司法部时任部长张军在全国两会"部长通道"接受集中采访,就媒体关注的司法鉴定问题回答记者提问。其指出:"被称作'白衣法官'的鉴定人,为诉讼的公正,为当事人的合法权益的维护,运用他们的专业知识、科技能力提供了人们所无法替代的帮助,发挥了巨大的作用。但是,在这个过程当中,也确实有一个鉴定质量的问题……我们准入的门槛是不是监管得足够严?进来以后的管理是不是足够到位?我们还有很大的努力空间。"参见杨翠婷:《张军部长接受全国两会"部长通道"集中采访问答实录》,载中华人民共和国司法部网站 2017 年 3 月 12 日,https://www.moj.gov.cn/pub/sfbgwapp/xwfb/202105/t20210517_395214.html。

② 参见常林:《谁是司法鉴定的"守门人"?——〈关于司法鉴定管理问题的决定〉实施五周年成效评析》,载《证据科学》2010 年第 5 期。

法违规的后顾之忧,面对利益的诱惑而屡屡突破"红线"。①

落实司法鉴定监管目标、提升司法鉴定质量,就需要高度重视司法鉴定的准入与退出制度。通过制度性设计,实现准入管理、退出管理与司法鉴定质量之间的对接。将司法鉴定准入与退出机制从"宽进无出"扭转为"严进宽出",一方面,须从源头上对司法鉴定机构、司法鉴定人的准入予以"从严把关";另一方面,须进一步拓宽司法鉴定退出之路,并实行"行业清除"的退出机制,倒逼司法鉴定功能定位的重塑与理性回归。

(二)保持司法鉴定人鉴定能力与水平

司法鉴定具有专业性,令人民法院对鉴定意见的依赖程度较高。若鉴定意见与科学性、可靠性相背离,将直接影响案件裁判的公正性。人民法院高度关注司法鉴定的质量。上海市高级人民法院曾对全市法院民事审判当中的司法鉴定情况进行了深入调研,结果显示,目前鉴定机构林立,人员素质不一,司法鉴定人虽具有鉴定从业资质,但不完全具备鉴定业务能力,专业性、权威性经不起考验,鉴定报告难以被业内人士接受。②

司法鉴定的专业性与权威性与司法鉴定人执业资质并非等同。司法鉴定人有执业资质,未必就具备解决某些专门性问题

---

① 参见张智全:《规范司法鉴定机构管理须用好退出机制》,载《南方法治报》2018年3月14日,第16版。
② 参见王海燕:《交通事故纠纷中伤残等级鉴定随意性大,这与"司法黄牛"有关吗?且看上海高院的调研》,载上观新闻网站2019年5月6日,https://www.shobserver.com/news/detail?id=149348。

的技术与能力。为保证司法鉴定应有之质量,须保持司法鉴定人的鉴定能力与水平,实现司法鉴定队伍的良性、可持续运行。这就需要进一步落实教育培训机制,注重司法鉴定人的能力评估,完善认证认可和能力验证活动,确立司法鉴定质量和司法鉴定人的同行专家评价机制以及司法鉴定人的退出机制,从正向和反向同时深化对司法鉴定人执业资质和鉴定能力的事中管理与监督。

(三)深入推进司法鉴定领域认证认可制度

《决定》第 5 条第 3 项规定,法人或者其他组织申请从事司法鉴定业务的,应当有在业务范围内进行司法鉴定所必需的依法通过计量认证或者实验室认可的检测实验室。前述立法条文要求司法鉴定机构从管理和技术的双重角度来对可能影响司法鉴定质量的各类因素予以有效控制,并构建司法鉴定质量管理机制。

诚然,现行立法就司法鉴定领域的认证认可制度已作出相关规定,但该制度在实践中的运行情况并不十分理想。不少已然进入司法鉴定行业内的鉴定机构,在开展司法鉴定业务时,并未通过资质认定或者实验室认可。为此,司法部、国家市场监管总局在 2018 年、2019 年先后联合下发了《关于规范和推进司法鉴定认证认可工作的通知》(司发通〔2018〕89 号)、《关于加快推进司法鉴定资质认定工作的指导意见》(司规〔2019〕4 号),就进一步规范司法鉴定认证认可工作程序、完善工作机制予以了专门规定,要求从事法医物证、法医毒物、微量物证、环境损害司法鉴定业务的司法鉴定机构应当通过资质认定或实验室认可。2022年,司法部办公厅、市场监管总局办公厅联合印发的《司法鉴定资质认定能力提升三年行动方案(2022—2024年)》进一步将声像资料司法鉴定,包括录音鉴定、图像鉴定、电子数据鉴定,纳入司法鉴定资质认定范围。颇为遗憾的是,前述文件虽然在一定程度上推进了司法鉴定认证认可制度,但并未实现司法鉴定业务范围的认证认可全覆盖。认证认可制度是确保司法鉴定的科学性、公正性,证明司法鉴定机构确有实力完成相关工作的必要条件。[①] 实施认证认可制度可以有效实现对司法鉴定质量的管理与控制。除了前述文件规定的应当通过资质认定或实验室认可的司法鉴定业务外,文书鉴定、痕迹鉴定、交通事故痕迹物证鉴定、法医病理鉴定、法医临床鉴定、法医精神病鉴定等司法鉴定业务实则更需通过认证认可制度来确保其鉴定质量。前述鉴定业务不仅需要借助于实验室检测,更依赖于鉴定人的经验判断。对于鉴定人个人判断这一因素,若不能借助认证认可制度加以规制,势必造成鉴定质量管理的失控,从而无法保证鉴定意见的科学性、可靠性。因此,司法鉴定管理改革不仅应深入推进司法鉴定机构认证认可制度,还应注重推进司法鉴定业务的认证认可制度全覆盖。

[①] 参见全国人大常委会法制工作委员会刑法室编著:《全国人民代表大会常务委员会关于司法鉴定管理问题的决定释义》,法律出版社2005年版,第16页。

(四) 科学布局与规划司法鉴定机构的发展

诚然,司法鉴定机构之间没有隶属关系。[①] 各司法鉴定人在科学面前均平等,各司法鉴定机构之间也是平等关系。但各司法鉴定机构和司法鉴定人在软、硬件条件,鉴定能力和鉴定水平等方面,确实存在较大差异。面对当前司法活动、公共法律服务日益专业化、精细化、复杂化和国际化的趋势特点,疑难复杂鉴定、"鉴定纠纷打架"等问题也现实存在,司法鉴定发展所需的不是那些充斥行业的低水平重复建设的小微鉴定机构、"小而全"鉴定机构,而是能够解决重大疑难复杂问题、应对重大突发事件和解决鉴定纠纷,产学研用一体化的优质司法鉴定机构。

这就要求司法鉴定主管部门遵循"科学规划、合理布局、优化结构、有序发展"的基本原则,科学布局与规划司法鉴定机构的发展。就司法鉴定管理改革的具体路径而言,首先需要科学制定司法鉴定行业发展规划,根据诉讼活动的实际需要和人民群众对鉴定服务的需求,统筹规划司法鉴定机构布局,对司法鉴定机构进行登记管理。既要防止鉴定资源不足,不能满足鉴定需要,又要避免司法鉴定机构过多,导致恶性竞争。司法鉴定行业应当是一个精英化的行业,需要更多的优质司法鉴定机构在其中发挥相应作用。因此,优质司法鉴定机构的科学发展尤为重要。司法鉴定管理改革应当依托高等院校、科研院所和医疗

[①] 《决定》第8条规定:各鉴定机构之间没有隶属关系;鉴定机构接受委托从事司法鉴定业务,不受地域范围的限制。

机构等优质资源,建设高资质、高水平的司法鉴定机构,重点解决具有重大社会影响力和疑难复杂的各类鉴定案件,充分发挥其在司法鉴定领域的"主力军"作用。同时,应鼓励、支持高校司法鉴定机构作为教学、科研、实践基地,进一步凸显高校服务社会的重要作用。

第二章 静态准入模式下的
　　　　司法鉴定行业困境

我国的司法鉴定制度是在过去半个多世纪的司法实践中逐渐形成的。司法鉴定领域的基础性问题之一,即司法鉴定机构和司法鉴定人准入问题,直接关乎鉴定之质量。可以说,在司法鉴定制度中,合格的司法鉴定人和司法鉴定机构至关重要。没有合格的司法鉴定人,再完善的司法鉴定管理制度都不具有价值,因为无法产生客观科学的鉴定证据。[①] 诚然,现行立法已针对包括司法鉴定准入制度在内的司法鉴定管理制度进行了规定,但实践中仍然存在"准入门槛低""行业

[①] 参见郭华:《司法鉴定制度改革与司法鉴定立法之推进关系》,载《中国司法鉴定》2018年第5期。

只进不出""低水平重复建设""资质鱼龙混杂"等问题。

第一节 持续扩容的司法鉴定行业

一、司法鉴定行业变革的梳理

1998年6月24日,国务院办公厅《关于印发司法部职能配置内设机构和人员编制规定的通知》(国办发〔1998〕90号)将指导面向社会服务的司法鉴定工作职能赋予司法部,由此拉开了司法行政部门登记管理面向社会服务的司法鉴定机构的序幕。司法部要求,"凡是经司法部批准的面向社会服务的司法鉴定机构,必须由司法部统一向社会公告"①。在国务院"三定"方案的基础上,司法部迈开了统一管理面向社会服务的司法鉴定机构、司法鉴定人的步伐,陆续出台司法鉴定管理的制度规范(见表2-1),开启了实质化管理的制度化进程,同时催生出一批自筹自支、自负盈亏的第三方企业和中介性质的社会鉴定机构。②

---

① 1999年《司法部关于公告面向社会服务的司法鉴定机构的通知》(司发通〔1999〕077号)相关规定。
② 参见涂舜、陈如超:《司法鉴定管理的体制变迁及其改革方向:1978—2018》,载《河北法学》2020年第1期。

表 2-1　国务院"三定"方案出台至《决定》施行前司法部颁布的司法鉴定管理制度规范

年度	管理制度规范
1999	《司法部关于加强面向社会服务的司法鉴定职能的通知》(司发通〔1999〕067 号)(已失效)
1999	《司法部关于公告面向社会服务的司法鉴定机构的通知》(司发通〔1999〕077 号)
1999	《司法部关于组建省级司法鉴定协调指导机构和规范面向社会服务的司法鉴定工作的通知》(司发通〔1999〕092 号)
2000	《司法鉴定机构登记管理办法》(司法部令第 62 号)(已失效)
2000	《司法鉴定人管理办法》(司法部令第 63 号)(已失效)
2000	《司法鉴定执业分类规定(试行)》(司发通〔2000〕159 号)(已失效)
2001	《司法部关于下发〈司法鉴定许可证管理规定〉的通知》(司发通〔2001〕019 号)
2001	《司法鉴定程序通则(试行)》(司发通〔2001〕092 号)(已失效)
2002	《司法部关于开展面向社会服务的司法鉴定机构年度检验工作的通知》(司发通〔2002〕21 号)

续表

年度	管理制度规范
2002	《司法部办公厅关于印发〈司法鉴定委托材料收领单(样式)〉〈鉴定委托受理合同(样式)〉的通知》(司办通[2002]46号)(已失效)
2002	《〈司法鉴定文书示范文本〉(试行)说明》(司发通[2002]56号)(已失效)
2003	《司法部关于2003年开展面向社会服务的司法鉴定机构年度检验工作的通知》(司发通[2003]22号)
2003	《司法部办公厅对规范商业秘密司法鉴定工作有关问题的意见和建议》(司办函[2003]第154号)

1999年,司法部首批公告了8家面向社会服务的司法鉴定机构[①],至2003年、2004年(《决定》实施前),由司法部审批设立的面向社会服务的司法鉴定机构及司法鉴定人逐步形成规模化,数量亦呈上升趋势(见表2-2)。

[①] 1999年司法部《关于面向社会服务的司法鉴定机构公告》(第1号)首批公告的8家面向社会服务的司法鉴定机构为:司法部司法鉴定科学技术研究所(上海)、华东政法学院司法鉴定中心(上海)、西南政法大学司法鉴定中心(重庆)、中国政法大学司法鉴定中心(北京)、中国人民大学物证技术鉴定中心(北京)、北京大学司法鉴定室(北京)、西北政法学院司法鉴定中心(西安)、北京华夏物证鉴定中心(北京)。

表 2-2 《决定》施行前司法行政部门审批设立的面向社会服务的司法鉴定机构及司法鉴定人

年度	面向社会服务的司法鉴定机构/家	面向社会服务的司法鉴定人/人	开展鉴定业务/件
2003	2453	32294	161077
2004	2864	36417	220100

资料来源:木子:《2003 年面向社会服务的司法鉴定工作统计报告》,载《中国司法鉴定》2004 年第 4 期;李禹、李奇:《2004 年司法行政机关司法鉴定工作统计报告》,载《中国司法鉴定》2005 年第 3 期。

2005 年是司法鉴定管理改革具有里程碑意义的一年。是年,全国人大常委会颁布《决定》,推行司法鉴定社会化改革,以加强司法鉴定机构的独立性。自此,社会第三方鉴定机构不断涌现。① 对 2005 年至 2022 年的全国司法鉴定工作统计数据进行分析,从而对十多年来司法鉴定行业的发展趋势有较为直观的认知(见表 2-3)。

---

① 参见陈和秋:《司法鉴定乱象之解》,载《民主与法制时报》2020 年 4 月 26 日,第 2 版。

表 2-3　2005 年度至 2022 年度经司法行政部门审核登记的司法鉴定机构及司法鉴定人增长情况

年度	司法鉴定机构数量/家	增长率/%	司法鉴定人数量/人	增长率/%
2005	1385		17692	
2006	1772	27.9	22601	27.7
2007	1986	12.1	23935	5.9
2008	2063	3.9	26118	9.1
2009	2150	4.2	25872	-0.9
2010	2254	4.8	27137	4.9
2011	2284	1.3	26294	-3.1
2012	4833		54220	
2013	4876	0.9	55206	1.8
2014	4902	0.5	55290	0.2
2015	4924	0.4	55662	0.7
2016	4872	-1.1	54198	-2.6
2017	4338	-11.0	49498	-8.7
2021	2883		36878	
2022	2837	-1.6	36767	-0.3

资料来源:李禹:《2005 年全国司法鉴定工作统计分析》,载《中国司法鉴定》2006 年第 4 期;李禹、刘莎莎:《2006 年全国法医类、物证类、声像资料司法鉴定情况统计分析》,载《中国司法鉴定》2007 年第 4 期;李禹、罗萍:《2007 年度全国法医类、物证类、声像资料类司法鉴定情况统计分析》,载《中国司法鉴定》2008 年第 4 期;李禹:《2008 年度全国法医类、物证类、声像资料类司法鉴定情况统计分析》,载《中国司法鉴定》2009 年第 4 期;李禹、王奕森:《2009 年度全国"三大类"司法鉴定情况统计分析》,载《中国司法鉴定》2010 年第 4 期;李禹、陈璐:《2010 年度全国法医类、物证类、声像资料类司法鉴定情况统计分析》,载《中国司法鉴定》2011 年第 4 期;李禹、党凌云:《2011 年度全国法医类、物证类、声像资料类司法鉴定情况统计分析》,载《中国司法鉴定》2012 年第 3 期;李禹、党凌云:《2012 年度全国司法鉴定情况

统计分析》,载《中国司法鉴定》2013年第4期;李禹、党凌云:《2013年度全国司法鉴定情况统计分析》,载《中国司法鉴定》2014年第4期;党凌云、郑振玉、宋丽娟:《2014年度全国司法鉴定情况统计分析》,载《中国司法鉴定》2015年第4期;党凌云、郑振玉:《2015年度全国司法鉴定情况统计分析》,载《中国司法鉴定》2016年第3期;党凌云、郑振玉:《2016年度全国司法鉴定情况统计分析》,载《中国司法鉴定》2017年第3期;党凌云、张效礼:《2017年度全国司法鉴定情况统计分析》,载《中国司法鉴定》2018年第3期;司法部公共法律服务管理局:《2021年度全国司法鉴定工作统计分析报告》,载《中国司法鉴定》2023年第1期;司法部公共法律服务管理局:《2022年度全国司法鉴定工作统计分析报告》,载《中国司法鉴定》2024年第1期。

二、司法鉴定行业统计数据分析

表2-3涵盖了《决定》施行后2005年至2022年由司法行政部门审核登记的司法鉴定机构及司法鉴定人数量以及每一年的增长率。这些统计数据均为《中国司法鉴定》上公开发布的内容。需要说明的是,该表中2012年度的司法鉴定机构增长率、司法鉴定人增长率这两项数据空缺,与原司法部司法鉴定管理局在不同年度的统计范围不同有关。在2005年度至2011年度的全国司法鉴定情况统计中,其司法鉴定机构、司法鉴定人数量对应的业务类别以"三大类"(法医类鉴定、物证类鉴定和声像资料鉴定)鉴定为限。[①] 从2012年起,全国司法鉴定工作情

[①] 《决定》规定的国家对鉴定人和鉴定机构实行登记管理的司法鉴定业务为:法医类鉴定、物证类鉴定、声像资料鉴定以及根据诉讼需要由国务院司法行政部门商最高人民法院、最高人民检察院确定的其他应当对鉴定人和鉴定机构实行登记管理的鉴定事项。司法鉴定行业通常将其统称为"三大类"鉴定。2015年最高人民法院、最高人民检察院、司法部联合发布《关于将环境损害司法鉴定纳入统一登记管理范围的通知》,将环境损害司法鉴定纳入统一登记管理范围。因此自2016年起,司法鉴定行业将法医类鉴定、物证类鉴定、声像资料鉴定、环境损害鉴定统称为"四大类"鉴定。

况的统计范围较之前有所变化,其司法鉴定机构、司法鉴定人数量对应的业务类别,涵盖了彼时司法行政部门审核登记的所有鉴定类别。除"三大类"或"四大类"司法鉴定外,还包括建筑工程、产品质量、司法会计、知识产权等"其他类"司法鉴定。因2011年度和2012年度的统计范围不同,故无法据此统计2012年度的司法鉴定机构、司法鉴定人增长率。2011年度至2012年度司法鉴定机构、司法鉴定人暴增的情况,亦与数据统计范围的不同有着直接联系。此外,2018年至2020年的司法鉴定机构、司法鉴定人统计数据,未见《中国司法鉴定》公开发布,故表2-3中无。自2021年起,司法部公共法律服务管理局的统计数据又恢复以"四大类"司法鉴定机构和司法鉴定人为限。因此,表2-3中的2021年、2022年数据,系全国经司法行政部门登记管理的从事法医类、物证类、声像资料和环境损害司法鉴定业务的司法鉴定机构及司法鉴定人数量。

对比2005年度至2022年度经司法行政部门审核登记的司法鉴定机构、司法鉴定人数据统计图(见图2-1、图2-2)可以发现,其数量整体上呈现出上升的态势。即使排除数据统计范围差异的影响,仅以每一年度统计范围中具有共性的"三大类"(2005年至2015年)或"四大类"(2016年以来)司法鉴定为例,18年间此类司法鉴定机构的数量依然保持明显的增长趋势(见图2-3)。从图中可以看到,从2005年的1385家"三大类"司法鉴定机构,增至2022年的2837家"四大类"司法鉴定机构,增幅达 104.8%。①

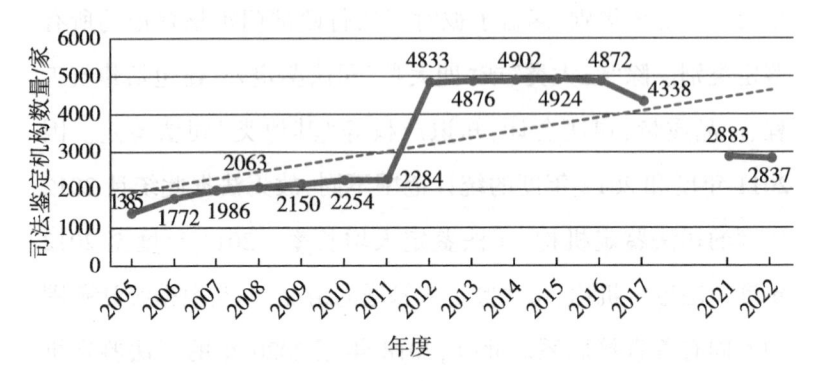

图 2-1 2005 年度至 2022 年度经司法行政部门审核登记的司法鉴定机构数量

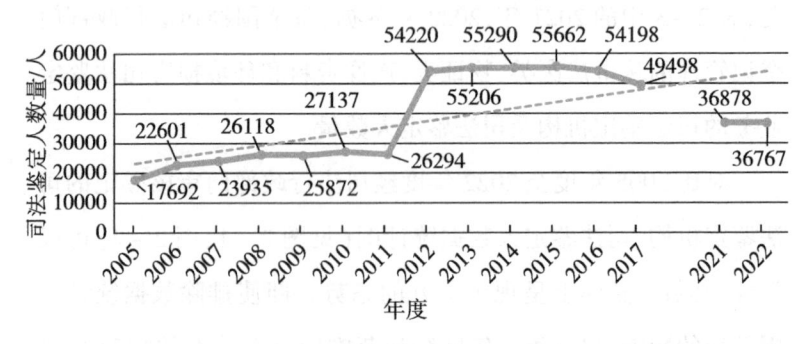

图 2-2 2005 年度至 2022 年度经司法行政部门审核登记的司法鉴定人数量

---

① 参见李禹:《2005 年全国司法鉴定工作统计分析》,载《中国司法鉴定》2006 年第 4 期;司法部公共法律服务管理局:《2022 年度全国司法鉴定工作统计分析报告》,载《中国司法鉴定》2024 年第 1 期。

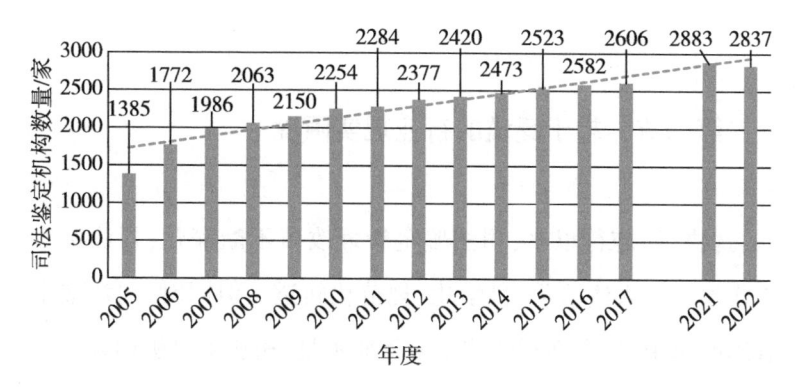

图 2-3　2005 年度至 2022 年度"三大类"或"四大类"司法鉴定机构数量

结合前述统计数据分析发现,我国司法鉴定机构和司法鉴定人的数量持续递增,司法鉴定机构已然在全国范围内"遍地开花"。当前,仍不断有新的司法鉴定机构通过审批进入这一市场。针对这一现实情形,有学者指出:"(司法鉴定机构)光北京市就有 40 多家,有的省份甚至有 200 多家……这很不合理,司法鉴定应当属特许经营,行业特性决定了其不应像普通商品市场一样店铺林立。①"

---

① 参见陈和秋:《司法鉴定乱象之解》,载《民主与法制时报》2020 年 4 月 26 日,第 2 版。

第二节　趋于泛滥的行业现实困境

《决定》施行以来,司法鉴定管理改革不断深化,司法鉴定工作逐步迈入法治化、科学化、规范化轨道。但同时,司法鉴定管理改革中,还存在司法鉴定人资质不足、司法鉴定机构鉴定水平较低、虚假鉴定、违规承揽业务、鉴定收费混乱、重复鉴定等问题。这些问题很大程度上源于司法鉴定机构和司法鉴定人的泛滥。

一、司法鉴定行业趋于泛滥

《决定》第 4 条、第 5 条规定了法人或者非法人组织、个人进入司法鉴定行业的准入门槛。《司法鉴定机构登记管理办法》第 14 条,《司法鉴定人登记管理办法》第 12 条、第 13 条在此基础上进行了相应细化。"有不少于二十万至一百万元人民币的资金""有在业务范围内进行司法鉴定必需的仪器、设备""每项司法鉴定业务有三名以上司法鉴定人"等低门槛,加之一旦成功进入司法鉴定行业可获得的不菲"回报",致使资本涌入这一市场以实现其营利目的。同时,实际审核登记过程中,有的司法行政机关就按最低标准来执行,导致一些业务水平较低、职业道德不高的人员进入司法鉴定行业。①

司法鉴定的适用领域有特殊性。随着社会发展和法治进程的不断深化,部分常规司法鉴定案件的数量将呈现出下降的趋势。同时,日新月异的社会生活以及飞速进步的科学技术为诉讼案件带来了新的专业性问题,有待于通过司法鉴定加以解决。基于这一动态趋势,传统司法鉴定业务的体量必然有所下降,但实践中对于各类高精尖及新型问题的司法鉴定的需求则与日俱增。然而,持续进入司法鉴定行业的基本都属于低水平重复建设的小微鉴定机构、小而全鉴定机构,且大多从事那些硬件投入较少,获得回报较快的法医临床、法医精神病、文书物证等传统司法鉴定业务。仅以上海市为例,《国家司法鉴定人和司法鉴定机构名册(上海市)》(2017—2018 年度)中,经司法行政部门审核登记的"四大类"司法鉴定机构共 52 家,其中,从事法医临床鉴定业务的机构 32 家、从事法医精神病鉴定业务的机构 17 家,②分别占当年度"四大类"司法鉴定机构总数的 61.54% 和 32.69%;《国家司法鉴定人和司法鉴定机构名册(上海市)》(2020 年度)中,经司法行政部门审核登记的"四大类"司法鉴定机构共 50 家,其中,从事法医临床鉴定业务的机构 25 家、从

---

① 参见张华:《司法鉴定若干问题实务研究》,知识产权出版社 2009 年版,第 185 页。
② 参见《关于〈国家司法鉴定人和司法鉴定机构名册(上海市)〉(2017—2018 年度)的公告》,载上海市司法局网站 2018 年 8 月 2 日,https://sfj.sh.gov.cn/2020xxgkml_zdgkml/20201102/90f536fa5e7b4ea7948a2a29fe62fdc7.html。

事法医精神病鉴定业务的机构16家,①分别占当年度"四大类"司法鉴定机构总数的50%和32%。实践中,从事单一型司法鉴定业务,且鉴定人数量在5人以下的小微司法鉴定机构亦在机构总量中占到一定比例。据统计,截至2018年4月,执业鉴定人在5人以下的鉴定机构数量占鉴定机构总数的比例为28.1%。② 然而,真正需要用于解决高精尖及新型问题的司法鉴定业务却往往因需要高额投入且难以短期内获得收益而并不为司法鉴定机构所青睐。

在一定区域内同一专业的司法鉴定机构的数量是否需要控制,是司法鉴定制度建设中遇到的重要问题。从理论上讲,司法鉴定机构的设立实行准则主义,凡是符合设立条件的,登记管理机关都应当予以登记。③ 实际上,《决定》规定的司法鉴定机构、司法鉴定人准入门槛较低,加之司法行政部门对于符合《决定》规定的法人或者非法人组织、个人也都予以了审核登记,这就使得司法鉴定机构、司法鉴定人的数量在较短时间内激增,也就导致了司法鉴定行业的质量难以保障。

---

① 参见《关于〈国家司法鉴定人和司法鉴定机构名册(上海市)〉(2020年度)的公告》,载上海市司法局网站2021年5月18日,https://sfj.sh.gov.cn/2020xxgkml_zdgkml/20211102/41f8d48767704c3eb40cdd8253c8b383.html。

② 参见刘子阳:《司法鉴定服务标准不一门槛过低 百余项规范发布破解难题》,载云南法治网2019年1月9日,http://www.ynfzb.cn/Ynfzb/ZhenYuShouXieDiaoYong/201901280194.shtml。

③ 参见徐景和编著:《司法鉴定制度改革探索》,中国检察出版社2006年版,第63页。

二、司法鉴定行业泛滥引发的困境

司法鉴定作为公共法律服务体系的组成部分,同样有着自身的服务领域和业务份额。在过去的10余年,司法鉴定的业务量保持上升态势(见表2-4、图2-4)。仅以"三大类"或"四大类"司法鉴定而言,2022年度的司法鉴定业务量,已然是2005年度的1032.9%。

表2-4　2005年度至2022年度"三大类"或"四大类"司法鉴定业务量

年度	司法鉴定业务量/件	增长率/%
2005	266241	
2006	505184	89.7
2007	639889	26.7
2008	783366	22.4
2009	899252	14.8
2010	1043202	16.0
2011	1180414	13.2
2012	1329758	12.7
2013	1464231	10.1
2014	1623287	10.9
2015	1734592	6.9
2016	1909254	10.1
2017	2102717	10.1
2021	3016274	
2022	3016339	0.002

年度	司法鉴定业务量/件
2022	3016339
2021	3016274
2017	2102717
2016	1909254
2015	1734592
2014	1623287
2013	1464231
2012	1329758
2011	1180414
2010	1043202
2009	899252
2008	783366
2007	639889
2006	505184
2005	266241

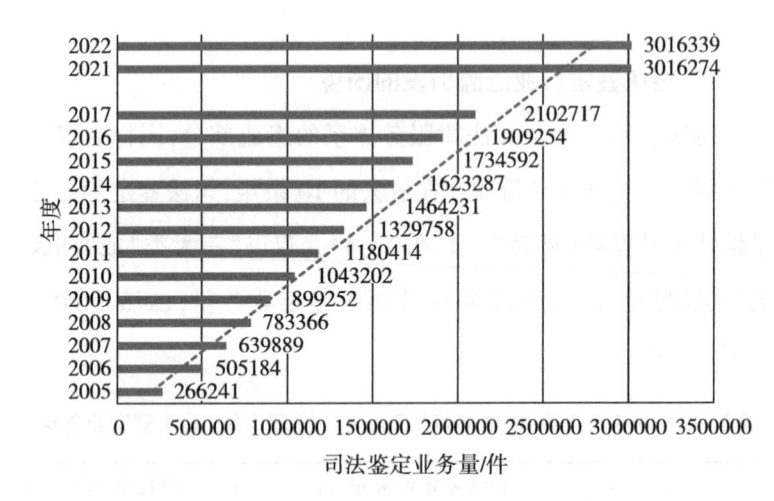

图 2-4　2005 年度至 2022 年度"三大类"或"四大类"司法鉴定业务量

然而，在一增再增的司法鉴定机构面前，司法鉴定业务的增量难以赶上其扩张的脚步。如果在一定区域内尤其是同一专业类别的司法鉴定机构数量过多，显然不利于司法鉴定机构的科学化、规模化发展。司法鉴定市场过于饱和，意味着大量司法鉴定机构能够从市场中获得的业务份额极为有限。鉴于司法鉴定的特殊性质，其往往会对案件的最终走向产生关键影响。这不仅对司法鉴定机构的硬件设备、司法鉴定人的专业能力提出了极高的要求，还要求司法鉴定行业在发展过程中，不能一味追求"量"的扩增，而应夯实"质"的建设。此外，司法鉴定又是公共法律服务体系的重要组成部分，无论是各类诉讼案件中，还是仲裁、纠纷调解中，都需要相关鉴定活动的介入。这也意味着司法鉴定行业是直接面向社会公众的。

从应然性角度来看，司法鉴定行业应当是一个高度专业化的行业，司法鉴定人应当是一个精英会集的人才群体，司法鉴定若要符合"高水平、高资质、高效率"的目标，就需要在硬件设备、人才梯队和专家引进等方面持续投入资金，以确保仪器设备的先进性以及司法鉴定人的专业性。但在目前司法鉴定机构、司法鉴定人过剩的情况下，前述理想化状态显然难以实现。司法鉴定机构唯有尽可能多地"招揽"鉴定业务，维持机构的日常运营和开支。同时，司法鉴定机构也势必会通过减少仪器设备和人才培养等方面的资金投入，来压缩和降低成本。在生存压力的驱使下，某些司法鉴定机构还有可能脱离正轨，通过回扣返利、虚假鉴定等违法违规方式来获取不法利益。在这种恶性循环下，坚守职业道德和专业能力的合规鉴定机构的生存环境可能较为恶劣，那些违规运行、水平低下的鉴定机构反而"如鱼得水"，从而导致司法鉴定行业陷入"劣币驱逐良币"的怪圈，并进一步使司法鉴定问题升级。

英美法系国家中，鉴定人被称为"Expert Witness"，鉴定意见则被称为"Expert Opinion"。"Expert"（专家）的称谓，已然道出了鉴定人和鉴定意见的本质特征。司法鉴定行业本应是精英会集的行业；鉴定意见也应以专家水准为背书，代表着业内高端水平。但令人感慨的是，低水平重复建设所引发的问题，无形中阻却了部分专家的鉴定之路。加之准入门槛过低，司法鉴定行业鱼龙混杂的现象也越发凸显。水平低下、资质堪忧的鉴定机构、鉴定人大量充斥于司法鉴定行业,甚至已然成为行业的"中坚力量"。在此乱象下,司法鉴定机构往往对常规、简易案件竭力争夺,对于疑难、复杂案件则唯恐避之不及。

对鉴定人专业水平、资质能力把关不严,导致诸多能力水准较低者涌入行业。实践中,不少相关专业甚至是非相关专业的大学本科生毕业后直接进入某些民营鉴定机构、小微鉴定机构。由于前述人员的鉴定实践基础、鉴定专业能力较为薄弱,尤为需要接受系统的实践培养来夯实和提升鉴定专业能力。然而,民营鉴定机构、小微鉴定机构大多缺乏系统的人才培养机制,无力构建专业后备梯队,且有时承担带教工作的多是那些自身尚缺乏系统学习、专业能力的退休返聘人员。

长期以来,司法鉴定人的年龄结构往往也是鉴定行业备受争议的问题之一。退休人员的要求相对不高,多属"发挥余热型",且无须缴纳社会保险,用人成本较低,不少民营鉴定机构、小微鉴定机构都颇为热衷于聘用退休人员。此外,司法鉴定行业中,往往并不严格遵守法定的退休年龄要求。退休人员从原工作岗位退休后,进入司法鉴定机构,又可重新上岗。这也导致实践中司法鉴定机构 60 岁以上的鉴定人数量长期保持在较高比例(以 2005 年至 2022 年为例,见图 2-5)。在此情形下,不仅司法鉴定产品的准确性、可靠性难以保证,而且对于司法鉴定行业人才的成长而言,也有着较大的制约性。

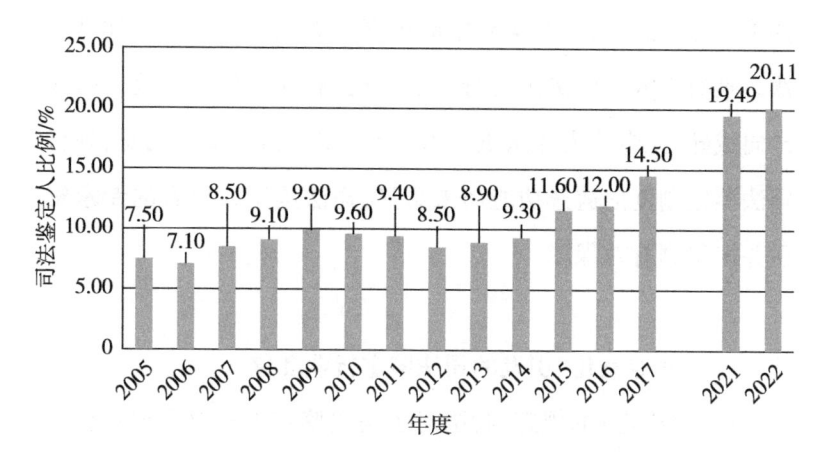

图 2-5 2005 年至 2022 年 60 岁以上司法鉴定人比例

第三节 静态准入模式的局限与不足

诚如上文所述,司法鉴定实施主体应当具有"专家"身份,能够依赖专业素质来为司法鉴定意见"背书"。我国实行的是司法鉴定登记管理制度,由省级人民政府司法行政部门按照法定条件和程序,对具有专门知识的人申请从事司法鉴定业务作出行政许可。就此而言,司法鉴定人准入和管理制度不仅应当保障具有专门知识的人能够获得鉴定的资格,还应当将不具有专家水平和能力的人排除在外。[①] 评价司法鉴定管理改革成效

---

① 参见郭华:《司法鉴定制度改革的基本思路》,载《法学研究》2011 年第 1 期。

的重要参考之一,即在实践中能否真正做到司法鉴定的优胜劣汰。唯有引入优胜劣汰的行业运行机制,才能使司法鉴定行业走向成熟,让专业人才队伍从源头上得到保障。遗憾的是,现行司法鉴定制度的遴选功能尚未彰显,司法鉴定人应有的专家资质并未得到有效保障。

一、"非专家化"引发的司法鉴定行业乱象

按照《决定》的规定,我国对于司法鉴定人采取登记管理制度。但从现实情况来看,通过登记管理来遴选专家的效果不佳,一定程度上源于《决定》规定的鉴定人准入门槛较低,以及"相关专业""相关工作""较强的专业技能"等开放性、笼统性规定的存在。前述情形的长期存在,也导致了司法鉴定队伍的"非专家化"问题。就"相关专业"的界定而言,自2005年《决定》施行至2018年《环境损害司法鉴定机构登记评审细则》、2021年《法医类 物证类 声像资料司法鉴定机构登记评审细则》出台,全国在很长一段时间内并未出台统一的"相关专业"名录。这就导致各省级司法行政部门在审核"相关专业"时存在尺度掌握不统一、专业范围界定不清等问题。实践中,常常将临床医学专业与法医学专业相等同,或是将临床医生与法医画等号,甚至把兽医与法医混为一谈。在界定是否具有"较强的专业技能"时,则往往具有很强的主观性和随意性。《决定》第4条第1款第2项中"从事相关工作五年以上"的规定,实则是要求申请人从事与司法鉴定业务相关的工作。譬如,申请人作为司法鉴定人助理,辅助从事司法鉴定检案、仪器设备操作等工作。但在实践中,部分在司法鉴定机构中从事前台接待咨询、鉴定文稿录入、鉴定文本校对、后勤事务保障的行政助理人员在工作满5年后摇身一变即具备了5年以上的相关工作经历,进而取得司法鉴定人执业资质。

"非专家化"引发的司法鉴定问题,在法医精神病鉴定领域尤为凸显。由于从事法医精神病鉴定的人员业务素质参差不齐,甚至在一定程度上可以说是鱼龙混杂,面对同一鉴定事项,往往会出现不同甚至完全相悖的鉴定意见。这不仅大为削弱了法医精神病鉴定的科学性、可靠性,还有可能因鉴定意见被采纳、采信而为司法审判蒙上阴影。《决定》生效之后,全国司法精神鉴定[①]主体由先前的精神病专科医院变为专门的司法鉴定机构。诸多司法精神鉴定机构如雨后春笋般诞生。据不完全统计,2005年至2007年,全国有精神障碍鉴定资格的司法鉴定机构从近150家骤增到255家,增加的速度之快"为国外专业同行难以想象"。然而,门槛的降低也使并不具有相应鉴定能力的医疗机构和医务人员有了滥竽充数的机会,甚至连一些精神病

---

① 为尊重参考资料的原始表述,此处所使用的"司法精神鉴定"一词与部分学者使用的"精神疾病司法鉴定"的表述以及笔者使用的"法医精神病鉴定"一词相等同。

院的护理人员也有了鉴定资质。①

除了准入门槛较低以及准入条件尺度把握不一使一些"非专家"进入司法鉴定行业以外,超越申请人自身专业能力限定范围的鉴定类别获批问题,也是引发司法鉴定行业乱象的一项主要因素。实践中,部分鉴定人跨越两个甚至三个鉴定种类,执业类别多达5项专业领域的情形亦客观存在。② 每一个体所受的学历教育、实务培训,决定了其熟知的专业领域和掌握的专门知识是有边界的。但由于长期以来准入登记管理中对于鉴定人登记执业范围限制不甚严格,一些鉴定人往往超越自身专业领域获得执业资格,进而在鉴定实践中"跨界"③出具鉴定意见。诚然,2021年《法医类 物证类 声像资料司法鉴定机构登记评审细则》的施行已在一定程度上缓解了前述问题,对鉴定人

---

① 参见柴会群:《精神鉴定"清理门户"的时候到了》,载南方周末网站2011年7月14日, http://www.infzm.com/contents/61304。

② 基于《决定》《环境损害司法鉴定执业分类规定》《法医类司法鉴定执业分类规定》《物证类司法鉴定执业分类规定》《声像资料司法鉴定执业分类规定》等规范性文件的规定,鉴定种类系法医类司法鉴定、物证类司法鉴定、声像资料司法鉴定、环境损害司法鉴定等的上位概念。执业类别则指每一鉴定种类所包括的相应鉴定类别(专业领域)。譬如,法医类司法鉴定中的法医病理鉴定、法医临床鉴定、法医精神病鉴定、法医物证鉴定、法医毒物鉴定;物证类司法鉴定中的文书鉴定、痕迹鉴定、交通事故痕迹物证鉴定、微量鉴定;声像资料司法鉴定中的录音鉴定、图像鉴定、电子数据鉴定。

③ 需要说明的是,文中"跨界"所指向的并非立法所规定的"超出登记的执业类别执业"这一禁止事项,"界"亦非登记的执业类别的界限之意而是鉴定人基于学历教育、实务培训等获得的专门知识和技术能力,并能够在此范围内实施鉴定并出具鉴定意见的界限。也就是说,鉴定人即便拥有某一"登记的执业类别"的相关资质,但若该执业类别超出了其自身的专门知识和技术能力范畴,即应当属于文中所阐释的"跨界"情形。

的执业类别进行了相应限缩,但其使用的"原则上"①的表述令实践中跨大类执业和多专业领域执业的现象仍有存在。

二、难以"劣汰"引发的司法鉴定问题

司法鉴定主管部门对于司法鉴定行业的管理能力的一大体现,即通过管理来实现司法鉴定机构和司法鉴定人的优胜劣汰。司法鉴定的准入只是一个静态过程,进入以后要从事司法鉴定活动,整个执业活动属于监管对象、纳入监管范围。② 鉴于我国当前司法鉴定准入门槛较低,对于已然进入司法鉴定行业的鉴定机构和鉴定人,理应通过司法鉴定管理,将存在乱象的司法鉴定机构和司法鉴定人剔除出鉴定领域,从而保持行业健康与活力。

从司法实践来看,不少司法鉴定机构就同一事实出具多个鉴定意见,甚至作出完全相反的意见,以及违反鉴定程序规则和技术操作规范开展鉴定活动,错鉴假鉴酿成冤假错案等情况屡见不鲜。司法鉴定机构的这些乱作为,不仅直接损害了该行业本身的权威,而且损害了司法审判的公信力。故此,坚决淘汰劣

---

① 《法医类 物证类 声像资料司法鉴定机构登记评审细则》规定,"原则上,不得跨法医类、物证类、声像资料司法鉴定执业,一个司法鉴定人的执业专业领域不超过3个"。

② 参见张军主编:《中国司法鉴定制度改革与完善研究》,中国政法大学出版社2008年版,第119页。

迹斑斑的司法鉴定机构,实乃公正司法的题中之义。① 然而,由于"只进不出""生存无忧"的准入管理以及"劣汰"管理和淘汰机制的不甚完善,某些司法鉴定机构和司法鉴定人对于司法鉴定工作缺乏敬畏之心,罔顾司法鉴定的司法保障功能以及司法公正的底线意识,往往为了追求利益肆意而为。即使事后对触碰"红线"的司法鉴定机构、司法鉴定人施以最为严厉的惩戒,但只要缺乏一票否决的淘汰机制,那些肆意追逐利益的司法鉴定机构或鉴定人仍有可能"好了伤疤忘了疼"。长此以往,不法司法鉴定机构、司法鉴定人仍充斥于司法鉴定领域,对于整个行业的健康发展非常不利,对于那些恪守司法公正底线意识的司法鉴定机构、司法鉴定人而言,也会带来"劣币驱逐良币"的风险。

三、行业失范引发的司法鉴定问题

对于任何一个行业来说,良性竞争都是必不可少的。聚焦至司法鉴定领域,鉴定行业中有序、合理的良性竞争不仅可促进鉴定机构内部管理的不断完善,更能推动鉴定质量的有效提升。"但因法律制度、体制机制等方面的原因,仍有个别机构追逐经济利益,打法律'擦边球',不规范执业问题屡禁不止,极少数鉴定人政治素质低、职业道德缺失,违法违规行为时有发生,有的

---

① 参见张智全:《规范司法鉴定机构管理须用好退出机制》,载《南方法治报》2018年3月14日,第16版。

甚至已经构成犯罪,影响非常恶劣,严重抹黑司法鉴定行业社会形象,极大损害司法鉴定公信力。"①

近年来,上海、浙江等地暴露出的"鉴定黄牛""人伤骗保"等问题,就是司法鉴定行业失范而衍生出的不良现象。在利益驱使下,部分司法鉴定人背离职业道德、执业纪律,与"鉴定黄牛"相互勾结,出现了将无伤残鉴定成有伤残等级、将低伤残等级鉴定成高伤残等级的现象,以满足当事人的不合理要求。②上海市静安区人民法院在其发布的《2018年度金融案件审判白皮书》中也指出,涉及机动车损失鉴定的财产保险案件中存在"鉴定黄牛"扰乱鉴定市场的现象。被保险人大多通过"小广告""黄牛"等途径委托第三方机构。由于目前鉴定市场鱼龙混杂、良莠不齐,甚至有的"鉴定黄牛"主动联系被保险人提供起诉、鉴定等"一条龙"服务,一些不正规的鉴定机构很可能从中获得不法利益。③

从经济学的角度来说,只要有市场,就会有竞争。在某些市场化领域,保持适度的竞争无可厚非,且具有一定的积极意义,但并非所有领域都可以市场化运作。一旦将本不应市场化的领

---

① 《司法部办公厅关于开展司法鉴定行业警示教育活动的通知》(司办通〔2019〕78号)。
② 参见郭华:《治理我国实践中司法鉴定失序的正途》,载《中国司法鉴定》2014年第4期。
③ 参见《剖析近3年涉机动车损失鉴定案频发原因 上海静安法院发布白皮书》,载澎湃新闻网站2019年11月21日,https://www.thepaper.cn/newsDetail_forward_5021713。

域推向市场,市场的正向调节功能非但难以得到有效发挥,反而会让市场的负面功能有了发挥的空间。司法鉴定作为诉讼中的一项证明方法,起着司法保障的功能作用。其与诉讼之间不应存在任何利害关系,否则,就需受到回避制度的约束。一旦将司法鉴定推向市场,非但无法实现司法鉴定机构、司法鉴定人在服务诉讼、保障司法方面的功能,反而极有可能导致权力寻租,使一些司法鉴定机构或司法鉴定人在利益诱惑面前铤而走险。不论出现哪种情形,皆会对司法鉴定行业的良性秩序带来消极影响,进而影响司法公正与效率。

第三章　严把入口关的司法鉴定准入研究

　　司法鉴定准入制度在司法鉴定管理中承担着把关的重要使命。其不仅关乎司法鉴定机构规划布局和司法鉴定人队伍建设，还是司法鉴定名册管理、执业管理和监督管理的前提条件。随着《决定》《司法鉴定机构登记管理办法》《司法鉴定人登记管理办法》等的施行，司法鉴定准入制度有了法律依据，推动了司法鉴定工作的规范化、法治化管理。司法鉴定准入的登记管理，实质上属于行政许可中的登记许可范畴。行政许可是行政机关依法对社会、经济事务进行事前监督管理的重要方式。需要注意的是，司法鉴定准入管理仍存在不足之处，其中最为凸显的即把关不严的问题。未能严守入口导致司法鉴定机构的整体布局不够合理,一批规模微小、设备落后、能力低下的司法鉴定机构充斥鉴定行业,部分司法鉴定人的职业道德、执业能力、法律素养等远未达到应有水准。这些问题的客观存在,对整个司法鉴定行业及司法鉴定质量都带来了不小的负面影响。要消除负面影响,就需要在厘清司法鉴定准入制度内涵和现存问题的基础上,探索优化改革路径,从而通过司法鉴定机构、司法鉴定人的严格准入来保障和提升司法鉴定质量。

第一节 现行司法鉴定准入制度的厘清

司法鉴定准入制度是司法鉴定管理制度中极具实践意义的一项内容,其旨在解决什么样的组织能够进入司法鉴定行业、什么样的人有资格向办案机关提供鉴定意见。司法鉴定的准入作为司法鉴定机构、司法鉴定人进入鉴定行业的"敲门砖",一直以来都受到社会各界的高度关注。

一、司法鉴定准入制度的沿革

准入制度是指通过设定若干条件、程序框架或制度规范,对进入某个行业的组织、人员实施的资格准入控制。根据《决定》及相关法律规定,从事法医类、物证类、声像资料、环境损害以及由国务院司法行政部门商最高人民法院、最高人民检察院确定的司法鉴定业务,由司法行政部门登记管理。故本章所阐释的司法鉴定准入管理,不仅是司法行政部门的一项法定职能,亦是司法行政部门履行司法鉴定管理职能的初始环节。

自1998年6月国务院赋予司法部指导面向社会服务的司法鉴定工作的职能开始,司法部通过一系列的制度设计与安排,使这项工作得以在全国推开。[1] 在此之前,吉林省人民代表大会常务委员会曾于1994年颁布了《吉林省司法医学鉴定管理条例》(已失效)。其中规定的司法医学鉴定委员会制度和司法鉴定管理制度[2]为司法行政部门的司法鉴定管理工作提供了依据。同时,其也可以被视为司法行政部门对司法鉴定予以准入管理的雏形。此后,重庆、四川、湖北等十余省市的人大常委会陆续颁布了规范司法鉴定工作的地方立法,并对司法鉴定机构和司法鉴定人的准入管理予以明确。譬如,依据四川省人民代表大会常务委员会2002年颁布的《四川省司法鉴定管理条例》,该省的司法鉴定工作的管理体制是:在该省司法鉴定工作管理委员会的统一指导、协调、监督下,对面向社会有偿服务的司法鉴定工作,由司法行政部门统一进行管理。公安机关、检察

---

[1] 参见霍宪丹主编:《司法鉴定管理概论》,法律出版社2014年版,第68页。
[2] 《吉林省司法医学鉴定管理条例》(已失效)第9条规定:省、市、自治州应当成立司法医学鉴定委员会,由公安厅(局)、人民检察院、人民法院的法医,卫生厅(局)、司法厅(局)的负责人以及医学和其他有关学科的专家若干人组成;主任委员、副主任委员、委员的人选由本级司法机关或者同级卫生行政部门提名,由司法行政部门聘任。司法医学鉴定委员会可以按各个医学学科设立若干鉴定小组。司法医学鉴定委员会及其办事机构分别由其所在地的司法行政部门负责组建和管理。

机关、法院只负责管理其内设技术鉴定机构的鉴定工作。为解决多头鉴定、重复鉴定、久鉴不决的问题，该条例还规定，该省设立司法鉴定专家委员会，负责对全省司法鉴定的复核鉴定工作。专家委员会的具体组建工作，由该省司法行政部门负责[1]。

2004 年《国务院对确需保留的行政审批项目设定行政许可的决定》赋予司法部"面向社会服务的司法鉴定人执业核准"和"设立面向社会服务的司法鉴定机构审批"的行政许可职能。但鉴于彼时尚未有国家统一的规范司法鉴定的法律法规，各类司法鉴定机构、司法鉴定人的设立审批和准入管理呈现出多元、分散的态势。首先，公安机关、检察机关、法院等办案机关均设有鉴定机构，这些鉴定机构、鉴定人的准入由其所在部门发起，再由机构编制部门予以核定。因前述机构和人员隶属于职能部门，故天然带有浓厚的行政色彩。其次，对于从事诉讼中涉及的司法评估、会计审计等司法鉴定业务的中介类鉴定机构、鉴定人，多由其所属行业协会予以准入管理。此外，不少高等院校、科研机构的实验室等具备精良的硬件条件和人才队伍优势，其在从事教学科研工作的同时也接受委托从事司法鉴定活动。客观来讲，无论是前述哪类司法鉴定机构和鉴定人，都在诉讼活动中为保障司法公正、实现公民诉权、推动社会发展发挥了积极作用。但与此同时，前述情形引发的种种弊端也尤为凸显。由于司法鉴定机构、司法鉴

---

[1] 参见张晓东：《四川颁布地方法规司法鉴定由司法行政部门统一管理》，载搜狐网 2002 年 8 月 20 日，http://news.sohu.com/06/03/news202730306.shtml。

定人的准入条件缺少统一规定,司法鉴定机构重复建设,浪费鉴定资源,司法鉴定机构和司法鉴定人资质、能力方面良莠不齐,缺乏有效管理和约束等问题也接踵而至。这些问题的长期存在,在社会各界引起了强烈反响,并成为社会广泛关注的焦点问题。《决定》的出台,就是对前述问题与社会关注的立法回应。其在规定司法行政部门主管司法鉴定的同时,使得司法行政部门的司法鉴定准入管理有了立法依据,并在一定程度上改变了原先的分散式准入管理模式。

二、司法鉴定准入制度的现状

从司法行政部门对司法鉴定实行登记管理的维度来看,司法鉴定准入制度即司法行政部门依法对申请从事司法鉴定业务的法人、非法人组织以及自然人进行审查核准,并向符合法定条件的组织、人员颁发司法鉴定许可证和司法鉴定人执业证的一种行政许可制度。为此,司法行政部门必须依法开展对司法鉴定机构、司法鉴定人的准入管理。其履行准入管理职能的依据主要包括《行政许可法》[①]《决定》《国务院对确需保留的行政审

[①] 《行政许可法》第12条规定:"下列事项可以设定行政许可:(一)直接涉及国家安全、公共安全、经济宏观调控、生态环境保护以及直接关系人身健康、生命财产安全等特定活动,需要按照法定条件予以批准的事项;(二)有限自然资源开发利用、公共资源配置以及直接关系公共利益的特定行业的市场准入等,需要赋予特定权利的事项;(三)提供公众服务并且直接关系公共利益的职业、行业,需要确定具备特殊信誉、特殊条件或者特殊技能等资格、资质的事项;(四)直接关系公共安全、人身健康、生命财产安全的重要设备、设施、产品、物品,需要按照技术标准、技术规范,通过检验、检测、检疫等方式进行审定的事项;(五)企业或者其他组织的设立等,需要确定主体资格的事项;(六)法律、行政法规规定可以设定行政许可的其他事项。"

批项目设定行政许可的决定》等。

  司法鉴定准入制度具体包括准入条件、准入方式等方面的内容。就司法鉴定的准入条件而言,其是法人、非法人组织和自然人申请取得司法鉴定许可证、司法鉴定人执业证,成为司法鉴定机构、司法鉴定人必须具备的法定条件。在拟申请从事司法鉴定业务的组织和自然人向司法行政部门提出申请后,司法行政部门需要对其是否具备法定条件进行审查。根据现行法律法规的规定,申请从事司法鉴定业务的法人或者非法人组织应同时具备名称、住所、资金、业务范围、仪器设备、实验室、人员等条件。申请从事司法鉴定业务的自然人则应同时具备政治法律、专业技术、行业资质、执业机构、生理心理等条件。对于司法鉴定的准入方式来说,需要规定以何种方式对司法鉴定机构、司法鉴定人进行行业准入,并授予其鉴定执业资格。对于符合法定条件的申请,司法行政部门应当予以批准,登记注册,发给鉴定人和鉴定机构从业登记的证明,并将其编入鉴定人或鉴定机构名册,通过媒体向社会公告。[1] 不过,较长一段时间以来,各地区对于司法鉴定准入的把握尺度不甚统一,准入管理中亦暴露出诸多问题,并导致不少缺乏资质、能力的机构、个人混迹于司法鉴定行业。鉴于此,2017 年《实施意见》专门提出,科学设置、细化各类别鉴定人和鉴定机构准入条件,建立完善鉴定人执业

---

[1] 参见全国人大常委会法制工作委员会刑法室编著:《全国人民代表大会常务委员会关于司法鉴定管理问题的决定释义》,法律出版社 2005 年版,第 17 页。

能力考核制度和鉴定机构准入专家评审制度。为落实这一要求,2020年6月5日,司法部就《司法鉴定机构登记管理办法》第20条和《司法鉴定人登记管理办法》第15条中关于登记审核工作的问题作出了专门解释。①"法人或者其他组织、个人申请从事司法鉴定业务的,司法行政机关在受理申请后,应当对其提交的申请材料是否齐全、是否符合法定形式进行审查,对法人或者其他组织是否符合准入条件、对个人是否具备执业能力等实质内容进行核实。核实的方式包括组织专家对法人或者其他组织进行评审,以及对个人进行考核等。"②2018年、2021年分别出台的《环境损害司法鉴定机构登记评审细则》《法医类 物证类 声像资料司法鉴定机构登记评审细则》则进一步就"四大类"司法鉴定的准入问题作出了细化规定。

三、司法鉴定严格准入的意义

司法鉴定机构、司法鉴定人的严格准入管理,对于整个司法鉴定行业的良性发展以及司法鉴定质量、司法鉴定公信力的提

---

① 《司法鉴定机构登记管理办法》第20条规定,司法行政机关决定受理申请的,应当出具受理决定书,并按照法定的时限和程序完成审核工作。司法行政机关应当组织专家,对申请人从事司法鉴定业务必需的仪器、设备和检测实验室进行评审,评审的时间不计入审核时限。《司法鉴定人登记管理办法》第15条规定,司法鉴定人审核登记程序、期限参照《司法鉴定机构登记管理办法》中司法鉴定机构审核登记的相关规定办理。

② 司法部《关于〈司法鉴定机构登记管理办法〉第二十条、〈司法鉴定人登记管理办法〉第十五条的解释》(司规〔2020〕4号)。

升皆有着极为重要的现实意义。

(一)有利于组建专业素质过硬、业务能力精湛的司法鉴定队伍

在社会生产力发展的过程中,起着决定性作用的就是人的因素。司法鉴定作为一项科学实证活动,虽借助于科学技术和专门知识,但人的因素在其中仍占据主导地位。在影响司法鉴定质量的"人、机、料、法、环"五大要素中,"人"处在中心位置。这就如同行驶过程中的车辆,"人"居于驾驶者的地位,而"机、料、法、环"四项要素则相当于车辆的四个轮子。如果没有司机的驾驶,车辆也就只能"原地趴窝"。为此,司法鉴定质量的提升、司法鉴定公信力的增强,皆离不开司法鉴定队伍这一"人"的因素。司法鉴定人的政治法律素养、职业伦理道德、业务能力等,直接关系到整个司法鉴定活动是否能够依法、科学、规范、公正地展开。对司法鉴定准入制度进行优化和完善,能够确保司法鉴定准入管理主体即司法行政部门严守准入门槛,对申请从事司法鉴定业务的法人、非法人组织和自然人的资格条件进行严格审查,并择优挑选。考虑到书面申请材料并不能充分、客观地反映出申请人的真实资质能力和业务水平,司法行政部门应当在依法进行准入管理的前提下,根据《环境损害司法鉴定机构登记评审细则》《法医类 物证类 声像资料司法鉴定机构登记评审细则》规定的事项,组织本专业领域的专家对机构申请人的仪器、设备、执业场所和检测实验室等进行评审,并对申

请司法鉴定执业的人员的法律法规知识、实务检案水平等执业能力进行测试和评审。确有必要时，司法行政部门还可以会同其他行业主管部门，联合开展对申请人的评审与测试。唯有将严格准入切实融入司法鉴定管理中，方能组建一支职业道德优良、品行操守端正、专业素质过硬、业务能力精湛的司法鉴定队伍。

（二）有利于建立与诉讼活动相协调的鉴定机构规划与布局体系

司法鉴定是为诉讼活动提供专门性意见的一种科学实证活动。其存在价值和发展路径与诉讼实践、社会需求之间存在直接联系。为了避免司法鉴定无序发展，亟须由司法行政部门按照科学规划、合理布局、优化结构、有序发展的要求，对司法鉴定机构、司法鉴定人实行严格准入管理。司法行政部门应当根据所在地区诉讼活动的实际需要以及人民群众对于鉴定服务的需求特点，统筹规划司法鉴定机构布局，对司法鉴定机构进行严格准入。既要避免区域内的鉴定资源不足，无法满足鉴定需要，又要避免因司法鉴定机构过于集中而导致的恶性竞争。

具体而言，建立与诉讼活动相协调的司法鉴定机构规划与布局体系，需要以"严格准入、布局合理、做精做强"为规划目标，进而树立司法鉴定"鉴定类别全面""技术水平高超""专业特色鲜明""鉴定质量优秀"的行业品牌特色。在充分发挥司法鉴定制度的功能作用以及满足诉讼活动实际需要的基础上，坚持严格准入管理，从而促进司法鉴定行业的有序、良性竞争与健康发展，避免缺乏合理规划布局导致重复建设、盲目发展和恶性竞争。

需要注意的是，司法鉴定应当立足"高精尖"的行业发展需要。在构建司法鉴定机构规划与布局体系的前提下，可依托高等院校、科研机构、大型综合医疗机构拥有的硬件、软件等优势资源，重点培育一批高资质、高水平的司法鉴定机构，着力提升司法鉴定行业的整体水平。整合优化现有鉴定资源，加强鉴定资源较为匮乏地区的司法鉴定机构建设，支持大型、综合型司法鉴定机构在鉴定资源较为匮乏的地区设立分支机构。

(三) 有利于构建统一、科学、规范、有序的司法鉴定活动秩序

统一、科学、规范、有序的司法鉴定活动秩序，是司法鉴定机构、司法鉴定人顺利从事鉴定执业活动的必要保障，两者往往是相辅相成的。若缺乏统一、科学、规范、有序的司法鉴定活动秩序，必然导致司法鉴定机构、司法鉴定人的执业活动陷入混乱不堪的窘境。混乱、无序的司法鉴定活动，影响的不只是司法鉴定的规范执业本身，还直接关系到司法鉴定的质量以及公民诉讼权利的实现。司法鉴定机构、司法鉴定人若存在能力堪忧、良莠不齐等情形，同样也会导致司法鉴定活动失序的问题。

司法鉴定人、司法鉴定机构分别作为司法鉴定实施的主体以及司法鉴定执业活动的平台载体,与构建统一、科学、规范、有序的司法鉴定活动秩序之间存在密切联系。从应然性的角度来看,通过司法鉴定准入管理制度的严格实行,不仅可以打造出一支业务能力精湛的司法鉴定队伍,还可以在对申请从事司法鉴定业务的人员的思想政治、从业条件、业务能力以及申请从事司法鉴定业务的机构的风险抵御能力、社会信誉度、物质保障条件等方面进行审查、评估的过程中,为构建统一、科学、规范、有序的司法鉴定活动秩序奠定基础。

第二节　司法鉴定准入管理存在的问题

《决定》确立了我国的司法鉴定登记管理制度,推动了司法鉴定管理改革,加强了司法鉴定管理工作,相应制度规范也在不断趋于完善。但受制于体制、机制、政策以及其他方面的原因,统一的司法鉴定管理体制尚未完全形成,司法鉴定准入管理中也暴露出不少现实问题,其作为司法鉴定管理工作的首要环节,并未充分发挥出应有的作用。

一、统一的司法鉴定准入管理体制尚未形成

《决定》第 3 条、第 6 条①从法律的高度对司法鉴定机构和司法鉴定人的执业资格准入提出了行政上的管理要求,授权司法行政机关进行具体管理。② 根据《决定》和《最高人民法院 最高人民检察院 司法部关于将环境损害司法鉴定纳入统一登记管理范围的通知》,司法行政部门对法医类、物证类、声像资料、环境损害的司法鉴定机构、司法鉴定人实行准入管理和登记,定期编制《国家司法鉴定人和司法鉴定机构名册》并通过媒体向社会进行公告。《决定》等规定的纳入登记管理的"四大类"鉴定事项侧重于满足刑事诉讼的办案需求。但司法实践表明,鉴定活动涉及的诉讼案件大多为民事案件。诸如工程造价鉴定、产品质量鉴定、司法会计鉴定、知识产权鉴定等"四类外"鉴定事项,在各类民事案件中亦极为常见。然而,"四类外"鉴定无统一准入管理的现状,使得司法鉴定事项统一管理在结构层面上难以实现。鉴于司法鉴定管理改革在"四类外"领域的

---

① 《决定》第 3 条规定:"国务院司法行政部门主管全国鉴定人和鉴定机构的登记管理工作。省级人民政府司法行政部门依照本决定的规定,负责对鉴定人和鉴定机构的登记、名册编制和公告。"第 6 条规定:"申请从事司法鉴定业务的个人、法人或者其他组织,由省级人民政府司法行政部门审核,对符合条件的予以登记,编入鉴定人和鉴定机构名册并公告。省级人民政府司法行政部门应当根据鉴定人或者鉴定机构的增加和撤销登记情况,定期更新所编制的鉴定人和鉴定机构名册并公告。"

② 参见霍宪丹主编:《司法鉴定统一管理机制研究》,法律出版社 2017 年版,第 38 页。

滞后性，在影响司法鉴定制度整体改革速度的同时，还加剧了体制结构的不平衡，并可能因制度之间的欠协调而造成司法鉴定秩序混乱。

鉴于现行法律的限制，只有法医类、物证类、声像资料和环境损害四类司法鉴定由司法行政部门统一登记管理，其他鉴定事项不属于司法行政部门统一登记管理的范围。司法实践中，还存在人民法院对司法鉴定名册的"另册"管理。《人民法院对外委托司法鉴定管理规定》(法释〔2002〕8号)和《最高人民法院对外委托鉴定、评估、拍卖等工作管理规定》(法办发〔2007〕5号)规定，人民法院委托鉴定工作实行对外委托名册制度。"法医、物证、声像资料三类鉴定的专业机构名册从司法行政管理部门编制的名册中选录编制。其他类别的专业机构、专家名册由相关行业协会或主管部门推荐，按照公开、公平、择优的原则选录编制。"[1]根据前述关于"选录编制"的规定，人民法院在司法行政部门编制的名册的基础上，对"四大类"鉴定事项进行"册中册"的登记管理；对"四类外"鉴定事项则实行"册外册"的登记管理。这种"选录编制"权在一定程度上属于司法鉴定管理权限范畴。2020年，《浙江省人民检察院关于对外委托鉴定管理的规定(试行)》(浙检发办字〔2020〕219号)则使司法鉴定名册管理中的混合管理、多头管理等问题蔓延至检察机关。人民

---

[1] 《最高人民法院对外委托鉴定、评估、拍卖等工作管理规定》第42条第1款。

法院、人民检察院与司法行政部门在司法鉴定管理领域并行的名册登记的混合管理、多头管理,很有可能使得司法鉴定准入管理退回至《决定》施行前的混乱状况,造成登记管理工作的重复和资源浪费。多头鉴定、重复鉴定等问题的存在,也会令诉讼案件因鉴定的不顺畅而久拖不决。①

除实践中存在的司法行政部门、人民法院对司法鉴定机构、司法鉴定人准入的混合管理外,公安机关、检察机关也分别发布了司法鉴定机构、司法鉴定人的登记管理办法,对侦查机关内设鉴定机构和鉴定人予以准入管理。2005年12月29日,公安部发布了《公安机关鉴定机构登记管理办法》《公安机关鉴定人登记管理办法》。2019年11月22日,公安部发布了修订后的《公安机关鉴定机构登记管理办法》和《公安机关鉴定人登记管理办法》。2006年11月30日,最高人民检察院发布了《人民检察院鉴定机构登记管理办法》《人民检察院鉴定人登记管理办法》《人民检察院鉴定规则(试行)》。诚然,侦查机关内设鉴定机构和鉴定人实行的是所属部门直接管理和司法行政部门备案登记相结合的管理模式,但就目前而言,司法行政部门仍未能有效地对侦查机关的鉴定人和鉴定机构的登记管理行使"主管"权力,②统一的司法鉴定准入管理制度尚未完全形成。现行制度

---

① 参见全国人大常委会法制工作委员会刑法室编著:《全国人民代表大会常务委员会关于司法鉴定管理问题的决定释义》,法律出版社2005年版,第7页。
② 参见郭华:《健全统一司法鉴定管理体制的创新思路》,载《中国司法鉴定》2015年第4期。

并未消除人们对侦查机关"自侦自鉴"影响鉴定机构和鉴定人中立性的担心,而且又增添了对侦查机关"自设自管"权力膨胀和"暗箱操作"的忧虑。[1]

二、司法鉴定准入门槛设定条件之忧

不可否认,《决定》对于司法鉴定人、司法鉴定机构的准入条件设定,无疑是准入管理中的进步。其对于提升司法鉴定队伍素质、完善司法鉴定管理都起到了一定的推动作用。实行准入管理制度以来,我国司法鉴定机构、司法鉴定人的数量增幅较大,鉴定队伍的专业化程度也有所提升。但自实施准入管理制度起,准入门槛较低、制度设计缺乏可操作性、欠缺布局结构规划等问题就一直存在。"《决定》规定对司法鉴定机构和司法鉴定人实行登记管理制度,而且设定的登记条件较低、较宽泛,凡是符合条件的,省级司法行政机关应当予以登记,以致鉴定机构和鉴定人良莠不齐,影响司法鉴定行业的整体素质和水平。"[2]以司法鉴定人为例,《决定》规定的准入门槛不高,特别是相关开放性条款的存在,使得司法鉴定人准入门槛未充分体现选优之功能,导致实践中"非专家化"的司法鉴定人混迹于行业之中。司法鉴定人一旦在"非专家化"的道路上渐行渐远,甚至还

---

[1] 参见王敏远、郭华:《司法鉴定与司法公正研究》,知识产权出版社2009年版,第42页。

[2] 《司法部对十二届全国人大三次会议第4831号建议的答复》。

可能引发"一部分司法鉴定人的腐败以及由此而引起的优秀的专家不愿充当司法鉴定人的情况"①。相当一段时期内，全国范围内的司法鉴定人的学历水平、技术职称与"高精尖"的司法鉴定行业定位一直存在不小的差距。大部分司法鉴定人的学历为本科、专科及以下，硕士、博士等高学历的司法鉴定人所占比例相对较小。2022年度全国从事"四大类"司法鉴定业务的司法鉴定人共36767人。其中：具有正高级专业技术职称的9958人，占总数的27.08%；具有副高级专业技术职称的11998人，占总数的32.63%；具有中级和初级专业技术职称的11059人，占总数的30.08%；尚未取得专业技术职称的3752人，占总数的10.21%。② 然而，除部分超大型、大型、综合型司法鉴定机构之外，另有相当比例的司法鉴定机构的鉴定人以中级及以下职称为主，甚至还存在为数不少的无职称鉴定人。前述数据表明，我国司法鉴定队伍良莠不齐，中低学历、中级及以下职称和无职称的司法鉴定人所占比例仍相对较高，甚至还有部分不具备鉴定资质的人员，进一步削弱了司法鉴定本应具有的科学性和权威性。

前述问题究其缘由，多涉及司法鉴定准入管理的缺陷与不足。加之司法鉴定机构和司法鉴定人的准入属于行政许可中的

---

① 参见[日]谷口安平：《程序的正义与诉讼》（增补本），王亚新、刘荣军译，中国政法大学出版社2002年版，第321页。
② 司法部公共法律服务管理局：《2022年度全国司法鉴定工作统计分析报告》，载《中国司法鉴定》2024年第1期。

登记许可,这种许可无数量的要求与限制。换言之,只要申请人达到了法定的准入条件,司法行政部门就应当予以核准登记。由此所带来的后果是司法鉴定机构的布局、结构、数量不尽合理,低水平重复设置的现象普遍存在。[①]

鉴于准入管理制度对于申请人申请从事司法鉴定业务的条件和资格的规定过于宽泛,其在导致各鉴定主体资质能力和专业水平存在较大差异的同时,也给法人或者非法人组织、个人等申请方的"暗箱操作"留下了足量空间。基于《决定》第4条以及《司法鉴定人登记管理办法》第12条之规定,符合准入条件的司法鉴定人有以下三种类别。第一,"具有与所申请从事的司法鉴定业务相关的高级专业技术职称",即具有高级专业技术职称。第二,"具有与所申请从事的司法鉴定业务相关的专业执业资格或者高等院校相关专业本科以上学历,从事相关工作五年以上",此类司法鉴定人的资质相对一般。第三,"具有与所申请从事的司法鉴定业务相关工作十年以上经历,具有较强的专业技能",该类司法鉴定人的资质相对较差,既无学历又无职称,仅有技能。《决定》设定该条件的初衷是,"由于实践中有的鉴定工作需要丰富的实践经验和专业技能,而国家目前并没有设定这方面的学科和评定这方面的技术职称,比如指纹鉴定、笔迹鉴定等。因此本项规定,具有较强的专业技能,并从事

[①] 参见王羚:《关于司法鉴定准入管理问题的思考》,载《中国司法》2008年第4期。

相关工作10年以上的,也可以申请从事司法鉴定业务"①。基于立法精神与法条释义,该条件只适用于没有专门学科和专业技术职称评定,且对实践经验、专业技能有较高要求的类别。但该项条件在申请准入中的适用异化,使其成为规避专业学历、执业资格和技术职称的"万能钥匙"。即便无学历、职称基础,甚至申请执业类别不属于经验鉴定型和技能鉴定型,申请人只需提供一份从事司法鉴定相关工作10年以上的证明,亦可以成为司法鉴定人。可想而知,适用条件异化带来的结果必然是诸多不适格人员涌入司法鉴定行业。就前述三类取得司法鉴定人资质的条件而言,我国司法鉴定人准入标准并不高,而且准入标准不平等,相关规定更多是从方便管理的角度拟定的。② 实践中准入标准不一,导致进入司法鉴定行业的鉴定人资质能力差异极大。

需要注意的是,随着科学技术的日趋发达,司法鉴定领域也涉及越来越多的专业技术。司法鉴定涉及领域十分广泛,不同领域之间相差很大,如精神疾病司法鉴定和文书司法鉴定。从目前的司法鉴定实践来看,司法鉴定人并不是精通各类鉴定业

---

① 全国人大常委会法制工作委员会刑法室编著:《全国人民代表大会常务委员会关于司法鉴定管理问题的决定释义》,法律出版社2005年版,第11页。
② 参见张军主编:《中国司法鉴定制度改革与完善研究》,中国政法大学出版社2008年版,第154~155页。

务的通才,而只是某些特定领域的专才。① 但由于司法鉴定准入门槛较低,一些司法鉴定机构将无任何专业基础的实习人员派往其他机构培训半年(甚至更短的时间)便可直接上岗的现象也大有存在。更有甚者,有的司法鉴定人一人就兼具四项甚至更多的鉴定资质,涵盖文书鉴定、痕迹鉴定、声像资料鉴定、微量物证鉴定、司法会计鉴定等。②

三、司法鉴定准入配套规范不甚完善

自2005年《决定》授予国务院司法行政部门主管全国司法鉴定工作后的较长一段时间,规范司法鉴定准入管理的法律依据主要包括《行政许可法》和《决定》。具体操作层面上,则有《司法鉴定机构登记管理办法》《司法鉴定人登记管理办法》《司法鉴定执业分类规定(试行)》《司法鉴定许可证和司法鉴定人执业证管理办法》等。2015年以来,司法鉴定准入管理领域又陆续新增了最高人民法院、最高人民检察院、司法部《关于将环境损害司法鉴定纳入统一登记管理范围的通知》,司法部、原环境保护部《关于规范环境损害司法鉴定管理工作的通知》《环境损害司法鉴定机构登记评审办法》《环境损害司法鉴定机构登记评审专家库管理办法》,司法部、生态环境部《环境损害司法

---

① 参见徐景和编著:《司法鉴定制度改革探索》,中国检察出版社2006年版,第66~67页。
② 参见徐心磊:《司法鉴定准入和执业过程中的问题剖析与对策探究》,载《实事求是》2013年第3期。

鉴定机构登记评审细则》《环境损害司法鉴定执业分类规定》，司法部《法医类司法鉴定执业分类规定》《物证类司法鉴定执业分类规定》《声像资料司法鉴定执业分类规定》《关于〈司法鉴定机构登记管理办法〉第二十条、〈司法鉴定人登记管理办法〉第十五条的解释》《法医类　物证类　声像资料司法鉴定机构登记评审细则》等规范性文件。诚然，近年来，司法部出台司法鉴定准入配套规范的速度有所增加，但在司法鉴定机构、司法鉴定人准入门槛的设计方面，仍然需要在可操作性层面予以进一步完善。

法医类、物证类、声像资料、环境损害司法鉴定等"四大类"鉴定各有其专业特点，需要通过科学设置来细化各类别司法鉴定机构和司法鉴定人的准入条件。鉴于《决定》对于司法鉴定机构和司法鉴定人的准入条件的规定只是宏观的、指导性的，若无配套的各具体类别的登记评审细则，往往难以有效甄别申请人在特定领域的专业能力。2018年6月14日，针对最新纳入登记管理的环境损害司法鉴定，司法部、生态环境部联合出台了相应的登记评审细则，并对环境损害司法鉴定机构和人员专业能力要求、环境损害司法鉴定机构实验室和仪器设备配置要求等进行了较为详细的规定。2021年前，在法医类、物证类、声像资料等传统"三大类"司法鉴定中，并无与之相适应的各类别登记评审细则。这一现状直至2021年6月15日司法部发布《法医类　物证类　声像资料司法鉴定机构登记评审细则》才得以改变。该细则对法医类、物证类、声像资料鉴定机构和人员专业能力要求、实验室和仪器设备配置要求等作了相应规定。

在《决定》施行后的较长一段时间内,准入条件的模糊性和原则性,且缺乏详细的配套解释说明,制约着司法鉴定准入管理的良性发展。仅以《决定》第 4 条第 1 款第 2 项、第 3 项为例,"具有与所申请从事的司法鉴定业务相关的专业执业资格或者高等院校相关专业本科以上学历,从事相关工作五年以上"和"具有与所申请从事的司法鉴定业务相关工作十年以上经历,具有较强的专业技能"中的"相关专业""较强的专业技能"无明确界定;公共卫生、预防医学、医事法学等专业是否属于可申请从事法医临床司法鉴定业务的相关专业等问题亦不明确。在 2021 年《法医类 物证类 声像资料司法鉴定机构登记评审细则》出台之前,各地对于可申请从事司法鉴定业务的相关专业的把握程度参差不齐。广东、湖南、江苏、河南等省市的司法行政部门对于申请人是否具备相关专业条件颁布或起草了司法鉴定人准入高等院校相关专业目录,要求在进行准入审核时,应当以专业目录为基准,与申请从事的具体鉴定业务进行对照。不过,对行业执业资格和高等院校相关专业作出明确规定的省份不仅较少,且不同省份之间的规定不尽统一,甚至还存在矛盾之处。《江苏省司法鉴定人登记工作指南(2018)》对于可申请法医物证鉴定的相关专业的规定为"法医学;生物技术;生物科学;生物化学与分子生物学;遗传学"。《河南省司法鉴定人行政许可"高等院校相关专业"目录(征求意见稿)》对于可申请法医物证鉴定的相关专业则规定为"法医学;生物技术/生物科学/生物工程;生物化学;分子生物学/细胞生物学/遗传学;医学检验/医学检验技术(均需从事法医物证鉴定或亲子鉴定5年以上)"。相较于江苏省,河南省还允许具有生物工程、细胞生物学、医学检验等专业本科以上学历的申请人申请法医物证鉴定。前者对于可申请文书鉴定的相关专业仅规定为"刑事科学技术专业;文件检验技术专业",后者则规定了"刑事科学技术/刑事犯罪侦查;文件检验(鉴定)技术专业;物证技术专业/警务(刑事科学技术方向)"。《湖南省司法厅关于规范司法鉴定机构和司法鉴定人登记工作有关要求的通知》附件10《司法鉴定人执业登记相关专业学历要求》对于可申请法医毒物鉴定的相关专业规定为"化学、药学专业",药学专业本科以上学历者可以申请从事法医毒物鉴定;但江苏省则明确排除了药学专业,规定"临床检验学、药学等专业不适合法医毒物鉴定"。这就意味着同样是具有药学专业本科以上学历的申请人,其在不同地区之间的申请结果截然不同。综合前文所述,从顶层设计角度来看,《决定》施行以来,立法机关并未对"相关的专业执业资格""高等院校相关专业""相关工作"等作出相应解释,司法部亦未出台过专业执业资格目录、高等院校专业目录等配套文件,导致准入审核缺乏可操作性,且主观裁量空间过大。

诚然,2021年《法医类 物证类 声像资料司法鉴定机构登记评审细则》对法医类、物证类、声像资料司法鉴定人的学历、资质及专业背景等有了专门规定。但长期以来准入条件规定不明引发的问题并未完全得到解决。该细则及其附件规定,对已取得相应专业领域鉴定人执业资格者专业要求可以适当放宽。① 这就意味着,在该细则出台前已取得鉴定执业资质的存量司法鉴定人,即便在学历、资质及专业背景等方面有所欠缺,仍可以继续执业,从事司法鉴定业务。

四、司法鉴定准入与培训衔接不顺畅

2021年,司法部出台《司法鉴定教育培训工作管理办法》,规定司法鉴定教育培训包括岗前培训和岗位培训,适用于经司法行政机关登记的司法鉴定人。② 根据该办法,按"先培训后上岗"和终身教育的要求,司法鉴定人接受岗位培训后,方可以司法鉴定人的名义独立进行执业活动。司法鉴定教育培训领域虽然已有相关规范性文件,但仍存在鉴定准入与培训衔接不顺畅等问题。

---

① 《法医类 物证类 声像资料司法鉴定机构登记评审细则》附件1《法医类司法鉴定机构登记评审评分标准》规定:已取得法医病理专业领域鉴定人执业资格者专业要求可以适当放宽;已取得法医临床专业领域的鉴定人执业资格者专业要求可以适当放宽;已取得法医精神病专业领域鉴定人执业资格者专业要求可以适当放宽;已取得法医物证专业领域的行业执业资格者专业要求可以适当放宽;已取得法医毒物专业领域的行业执业资格者专业要求可以适当放宽。
② 《司法鉴定教育培训工作管理办法》第2条规定:"本办法所称的司法鉴定教育培训包括岗前培训和岗位培训,适用于经司法行政机关登记的司法鉴定人。"

实践中，部分司法鉴定人往往由相关专业人员转岗担任。譬如，在法医临床鉴定、法医精神病鉴定领域，部分鉴定机构是依托医疗机构设立的，临床医师、精神科医师转岗为司法鉴定人。此类人员对业务知识与专业技能的掌握情况相对较好，但其在相关法律法规、鉴定政策、程序规范、执业规则等方面的知识则较为欠缺。司法鉴定不仅是一种解决诉讼涉及的专门性问题的科学实证活动，更是一种帮助司法机关查明案件事实的司法保障制度。这无疑需要司法鉴定人掌握、熟悉诉讼知识、证据知识和司法鉴定相关法律法规，能够为诉讼活动提供技术保障和专业化服务。但实践中，司法鉴定人执业证的取得和司法鉴定岗前培训之间的衔接还有待持续完善。由于对司法鉴定人在岗前培训中应当掌握哪些法律法规和鉴定政策、需要掌握到何种程度，缺乏进一步细化的制度规范，不少已通过岗前培训并独立执业的司法鉴定人仍缺乏足够的诉讼法律知识，[①]对于鉴定人的法定权利和义务知之甚少，出具的鉴定意见不符合法律法规要求。上述问题的存在，就会导致鉴定意见因丧失证据资格而被排除，甚至因错误鉴定意见被法院采纳采信而间接引发错

[①]《司法鉴定教育培训工作管理办法》第6条规定："岗前培训是指为适应司法鉴定人岗位工作需要，以达到司法鉴定人资质要求和具备相应执业能力为目的的学习培训活动。岗前培训对象为已取得司法鉴定人执业证书尚未独立执业的人员，培训主要内容包括国家有关方针政策、相关法律知识、职业道德、执业纪律、执业规则和鉴定业务知识等。"第7条规定："岗前培训结束后，应当对培训人员是否掌握司法鉴定相关法律政策、知识技能、程序标准等进行评价或考核。"

案,无法使司法鉴定起到应有的司法保障功能。

实践中,个人申请从事司法鉴定业务的拟执业机构,除已经在司法行政部门登记设立的司法鉴定机构外,还包括正在申请司法鉴定许可证的法人或者非法人组织。后者自身并无司法鉴定经历,此前未涉足过司法鉴定行业,拟在其中执业的个人申请者可能也无相应的司法鉴定工作经历。针对上述现实问题,现行法律法规对其规范还存在欠缺。由于缺乏准入与培训的衔接,司法鉴定人除了应当参加法律法规、鉴定政策、程序规范、执业规则等的培训外,是否还需要进行必要的实习培训与实习考核,是否需要办理一定数量的鉴定案件方可获取司法鉴定人执业证或独立执业等,尚无有权机关予以统一解释,且存在规制层面的短板。

需要强调的是,司法鉴定执业虽在一定程度上需要依赖经验判断,但绝不能在专业知识方面"吃老本"。然而,依据现行司法鉴定人准入制度,只要申请人获得了司法鉴定人执业资质,即意味着其已然是适格的司法鉴定人了。这导致的直接后果便是司法鉴定人往往会在专业知识上"吃老本",其鉴定理念、鉴定思维可能仍停留在十数年前,所掌握的鉴定技术也可能已经被淘汰。由于鉴定准入与后续岗位培训、终身教育之间的衔接不顺畅,这些"吃老本"的司法鉴定人往往对鉴定领域的科学技术新发展知之甚少。即使是以"具有与所申请从事的司法鉴定业务相关的高级专业技术职称"作为准入申请条件的司法鉴定人,他们中不少人的高级专业技术职称获评时间距提交司法鉴定人申请的时间跨度也较大,在缺乏持续性的专业培训的情况下,很难跟得上日新月异的科技发展速度。[1]

第三节　司法鉴定准入制度的改革路径

办案机关与社会公众对于司法鉴定行业的一大诟病,即司法鉴定机构、司法鉴定人鱼龙混杂、参差不齐。曾经有人调侃道,"一张桌子、两颗牙齿、三个人"就可以搭建起一个司法鉴定机构。虽然有所夸张,但只要有一间房间,无须多少仪器设备,拉来3名退休人员,甚至其平均年龄在75岁以上,就可以从事法医临床鉴定等单项鉴定业务,这正是某些小微司法鉴定机构的真实写照。在这种背景下,很难打造出高端司法鉴定品牌。试想一下,如此的鉴定机构、如此的鉴定人实施的司法鉴定活动及其出具的司法鉴定意见书,其科学性、可靠性如何? 为了消解司法鉴定行业鱼龙混杂的痛点,重塑司法鉴定应有之质量,需要从法律规制、体制架构以及工作机制等方面探寻司法鉴定准入制度的改革与优化路径。

---

[1] 参见张军主编:《中国司法鉴定制度改革与完善研究》,中国政法大学出版社2008年版,第165页。

一、健全司法鉴定的准入管理制度

司法鉴定管理工作肇始于司法鉴定准入管理。司法鉴定准入管理制度的践行不仅是一项基础性、全局性的工作，亦与后续的名册管理、执业管理、监督管理等息息相关，事关进入司法鉴定行业的司法鉴定机构、司法鉴定人能否以高质量的执业来服务诉讼、保障司法。

当前，国家立法层面涉及司法鉴定准入管理的法律文本仅有《决定》，尚无配套的实施条例或实施细则等行政法规。对于法律确定的各项制度，需要在行政法规层面予以进一步细化。就司法鉴定准入管理制度的健全而言，有必要在法律的基础上制定一部配套的行政法规，从司法鉴定准入管理的主体、职能，司法鉴定准入条件，司法鉴定准入程序，司法鉴定准入与事中事后监管的衔接等方面予以设计，从而规范司法鉴定准入管理主体、准入管理行为、准入对象申请程序，明确准入管理主体和准入对象的法律责任。既保证司法行政部门依法行政，又保证准入对象依法申请，实现司法鉴定准入管理的科学化、法治化、规范化。① 需要注意的是，基于"鉴定机构接受委托从事司法鉴定业务，不受地域范围的限制"②的立法规定，任何司法鉴定人所出具的鉴定意见，皆可以适用于全国任何地区的诉讼活动，这就

---

① 参见霍宪丹主编：《司法鉴定管理概论》，法律出版社2014年版，第99页。
② 《决定》第8条。

对全国鉴定机构和鉴定人的司法鉴定活动提出了统一性的要求。反之，带有地方性的司法鉴定活动难以与不同地区的诉讼活动相适应。就司法鉴定准入管理而言，必须采取全国管理才有可能实现统一管理的要求，地方司法鉴定的统一管理也须依照全国性的规定进行，但地方不能对司法鉴定全国性、行业性的问题予以规定，否则会妨碍司法鉴定统一管理体制的形成。①因此，司法鉴定准入管理制度的健全，需要依据现有法律制定配套的实施条例或实施细则。

《决定》及相关文件规定司法行政部门审核登记管理范围为从事法医类、物证类、声像资料、环境损害司法鉴定，以及根据诉讼需要由国务院司法行政部门商最高人民法院、最高人民检察院确定的其他应当实行登记管理的鉴定事项的司法鉴定机构和鉴定人。由于涉及"四类外"鉴定事项未纳入《决定》调整的范围，而民事诉讼的鉴定多数涉及这些鉴定事项，尽管有些省市关于司法鉴定的地方立法对这些鉴定事项作出了规定，甚至有些省市在未有立法的情况下也进行了登记管理，但因未在国家法律层面明确规定予以统一登记管理，②故上述规定和做法存在突破上位法之嫌。为此，中办、国办《实施意见》，司法部办公厅《关于严格依法做好司法鉴定人和司法鉴定机构登记工作的

---

① 参见霍宪丹、郭华：《建设中国特色司法鉴定制度的理性思考》，载《中国司法鉴定》2011年第1期。

② 参见郭华：《治理我国实践中司法鉴定失序的正途》，载《中国司法鉴定》2014年第4期。

通知》①等规范性文件相继重申严格登记范围,对没有法律、法规依据的,司法行政部门一律不予准入登记。鉴于此,在现行立法作出修改或有新规定之前,司法行政部门必须严格遵循《决定》以及相关文件精神,在法律规定范围内对"四大类"鉴定做好登记管理工作,以确保法律规定和中央关于司法鉴定管理工作的决策部署不折不扣地落到实处。

司法实践中,办案机关对"四类外"鉴定事项确有鉴定需求的,对相关鉴定机构、鉴定人从事该类司法鉴定活动也需加以规范。对于"四类外"鉴定的有序、规范管理,是一项不容回避且亟待解决的现实问题。对诉讼涉及的专门性问题进行鉴别和判断的"四类外"鉴定活动,本质上亦属于司法鉴定,同样需要纳入司法鉴定管理专项立法范围。一方面,作为司法鉴定主管部门的国务院司法行政部门,应根据诉讼实际需要,对司法实践中出现的实用性尤为广泛的鉴定种类,积极与最高人民法院、最高人民检察院商定,扩容至司法鉴定机构和司法鉴定人登记管理的范围之中。另一方面,可将"活动全覆盖,对象分类管"的原则引入司法鉴定管理专项立法之中。2020年5月1日起正式施行的《上海市司法鉴定管理条例》已然对前述原则进行了有

---

① 司法部办公厅《关于严格依法做好司法鉴定人和司法鉴定机构登记工作的通知》(司办通〔2018〕164号)规定,对于没有法律依据,拟申请从事"四类外"司法鉴定业务的有关人员、法人和其他组织,司法行政机关一律不予准入登记。

益探索。① "对从事'四大类'鉴定业务的司法鉴定机构、司法鉴定人严格按照法定的登记条件、程序实行登记管理；对从事'四类外'鉴定业务的其他鉴定机构、鉴定人，则由行业主管部门依照各行业、领域的相关法律、行政法规进行管理。"②其实践经验一定程度上可为完善全国层面的司法鉴定准入管理制度提供借鉴和参考。

长期以来，我国的刑事侦查等刑事诉讼程序中的鉴定启动权皆由公安、司法机关所掌握，当事人在鉴定问题上实难与侦查机关相抗衡。若侦查机关对内设鉴定机构进行自我管理，其从事的鉴定活动也难以受到有效约束，《决定》对侦查机关及其鉴定机构的规制在实践中也难以落实。《决定》第3条之所以规定"国务院司法行政部门主管全国鉴定人和鉴定机构的登记管理工作"，是因为我国统一司法鉴定管理体制不仅对司法鉴定机构实行统一登记管理，还包括司法鉴定管理主体的全国统一，以保证全国的司法鉴定机构符合统一的法定标准。因此，健全司法鉴定的准入管理制度，还应坚持《决定》规定的条件和要

---

① 《上海市司法鉴定管理条例》第4条规定："本市依照法律、行政法规，对不同类型、类别鉴定机构、鉴定人实行分类管理。对从事法医类、物证类、声像资料、环境损害以及由国务院司法行政部门商最高人民法院、最高人民检察院确定的司法鉴定业务的鉴定机构、鉴定人（以下称司法鉴定机构、司法鉴定人）实行登记管理。对前款规定以外从事其他司法鉴定业务的鉴定机构、鉴定人（以下称其他鉴定机构、其他鉴定人），依照相关法律、行政法规进行管理。"该条确立了"活动全覆盖，对象分类管"的原则，将所有从事司法鉴定活动的机构和人员均纳入该条例的调整范围。

② 参见林茗：《整治鉴定"黄牛"乱象 收编"四类外"机构》，载《上海人大月刊》2019年第12期。

求,实行包括侦查机关内设鉴定机构在内的任何司法鉴定机构在《决定》面前一律平等的法治原则,由司法行政部门对其事项统一审核登记、统一准入门槛等,并借助于司法行政部门对其管理的外部监督力量,来保障其活动的中立和公正。[1]

二、全面提升司法鉴定的准入登记条件

司法鉴定的科学与权威,与司法鉴定机构及司法鉴定人在科学技术和专门知识上的素养和信誉相关。司法鉴定实行登记制度的功能和价值,不仅在于保障具有专业能力和专门知识的组织、个人能够获得鉴定的资质,更重要的是通过这一制度化门槛过滤掉不具备专业水平和能力的组织、个人,其核心在于选优。换言之,司法鉴定机构和司法鉴定人的准入管理,不仅是对准入条件、准入程序的遵循,还可将不适格的机构和人员阻却在司法鉴定领域之外,为诉讼活动的有序运行提供适格的司法鉴定机构和司法鉴定人。

司法鉴定主管部门应当根据诉讼活动的实际需要和人民群众对鉴定服务的需求,立足当前司法鉴定实践,并着眼于司法鉴定发展动态,从工作运行、专业水准、发展活力、责任风险等方面对司法鉴定机构的准入条件予以细化设计,并提高相应门槛。在硬件层面,应根据机构申请从事司法鉴定业务的不同类别,对

---

[1] 参见郭华:《论司法鉴定管理领域的治理范式》,载《中国司法鉴定》2012年第6期。

机构资金、仪器设备、实验室配置、实验室场地等分别予以严格规定。为防止出现"皮包公司""空壳机构"等，机构申请人应当自有必备的、符合使用要求的仪器设备，并提供相应发票或购销合同等证明文件。为确保司法鉴定机构的持续性、高水平发展，在准入时除对机构资金作出严格要求外，还应当明确鉴定机构后续每年在仪器设备和实验室配置方面的资金投入要求。诚然，2018年、2019年司法部、国家市场监管总局接连发布了《关于规范和推进司法鉴定认证认可工作的通知》[1]和《关于加快推进司法鉴定资质认定工作的指导意见》[2]，2022年司法部办公厅、市场监管总局办公厅联合印发了《司法鉴定资质认定能力提升三年行动方案（2022—2024年）》[3]，规定从事法医物证、法医毒物、微量物证、环境损害和声像资料鉴定业务的，必须自有

---

[1] 司法部、国家市场监管总局《关于规范和推进司法鉴定认证认可工作的通知》规定："依据《决定》第五条第三项规定，对于法人或者其他组织申请从事的司法鉴定业务范围需要检测实验室的，申请人应当具备相应的检测实验室，并且该检测实验室应当通过资质认定（包括计量认证）或者实验室认可；对于申请从事的司法鉴定业务范围不是必须具备检测实验室的，可不必须通过资质认定或者实验室认可。""结合司法鉴定管理和认证认可工作实践，法人或者其他组织申请从事法医物证、法医毒物、微量物证、环境损害鉴定业务的，应当具备相应的通过资质认定或者实验室认可的检测实验室。"

[2] 司法部、国家市场监管总局《关于加快推进司法鉴定资质认定工作的指导意见》规定："申请从事涉及法医物证、法医毒物、微量物证、环境损害司法鉴定业务的法人或者其他组织，未经司法行政机关登记的，应首先向市场监管部门申请对相应的检测实验室进行资质认定，待其通过资质认定后，再向司法行政机关申请登记。"

[3] 《司法鉴定资质认定能力提升三年行动方案（2022—2024年）》规定："结合司法鉴定行业发展状况，为更好地服务诉讼活动，从事声像资料司法鉴定业务的法人或者其他组织应当尽快申请资质认定，自2023年1月1日起仍未通过的，司法行政机关应当依法依规处理。"

开展司法鉴定业务必需的依法通过资质认定（包括计量认证）或者实验室认可的检测实验室。然而，对于前述类别之外的其他"四大类"司法鉴定的认证认可，现行规范性文件未作强制性规定。① 就各类别司法鉴定的自身特性而言，法医病理、法医临床、法医精神病、文书物证、痕迹物证等司法鉴定业务尤为依赖鉴定人的经验。这也导致其在诉讼实践中往往面临较多的纷争与异议，更需要通过认证认可来对司法鉴定的质量予以背书和确认。基于此，在推进司法鉴定认证认可工作的同时，还可对相关制度予以进一步完善。为保证和提升司法鉴定的质量与公信力，须在"四大类"司法鉴定业务范围内实现资质认定或者实验室认可的全覆盖，并将其确立为司法鉴定机构准入的一项必备条件。机构无论申请从事哪一项司法鉴定业务，均须先通过相应检测实验室的认证认可，再向司法行政部门申请司法鉴定许可证。"人、机、料、法、环"等司法鉴定质量核心要素中，"人"无疑占据着首要地位。故在软件层面，应通过对"人"的规范来提升司法鉴定机构的准入条件。现行立法规定机构申请登记的条件之一即"每项司法鉴定业务有三名以上司法鉴定人"。这一准入条件施行近20年以来，虽对鉴定人人数下限作了具体规定，但由于其门槛设定过低，在很大程度上也催生了一批小微型

---

① 对于法医物证、法医毒物、微量物证、环境损害、声像资料之外的法医病理、法医临床、法医精神病、文书物证、痕迹物证等司法鉴定业务，《司法鉴定资质认定能力提升三年行动方案（2022—2024年）》规定："进一步明确受理范围，市场监管部门仅受理《分类表》内的资质认定项目申请。"

鉴定机构。较长一段时间内,从事单项鉴定业务且仅有3名鉴定人的鉴定机构较为普遍。为进一步推动司法鉴定行业规模化、专业化、品牌化发展,有必要从准入关口严格把关,通过司法鉴定准入条件的制度设计,鼓励、支持专业化、规模化、权威化司法鉴定机构的准入登记。在引导其发挥司法保障的专业优势的同时,将那些规模小、资质差、技术能力弱的机构阻却在司法鉴定行业之外,从而避免低水平、重复设置等问题的出现。因此,就执业鉴定人和司法鉴定业务的准入条件设计角度而言,建议规定:"每项司法鉴定业务有五名以上司法鉴定人,且有不少于两名具有本专业高级专业技术职称的专职司法鉴定人。""法人或者非法人组织申请司法鉴定业务登记,一般应具有不少于三项司法鉴定业务。"前述制度设计不仅可从业务类别、鉴定队伍规模等方面完善对综合性大型、中型司法鉴定机构的准入管理,亦可通过对每一项鉴定业务的高级职称鉴定专家的严格规定,来提升司法鉴定机构的业务水准和综合能力。无特殊情况,建议不再审批申请从事单项鉴定业务的鉴定机构。确有实际需求的,应确认该机构是否具有特殊资质、是否属于特色专科型司法鉴定机构,并在准入管理环节予以从严审核和把关。此外,为了强化司法鉴定机构的风险抵御能力,机构在申请准入登记时,即应建立并完善法律顾问制度、法务专员制度、机构合规制度和执业风险金制度,以预防并应对可能发生的矛盾纠纷、投诉争议以及法律风险,加强对于机构法律问题与机构风险的掌控,进而促进司法鉴定行业的持续、健康、高质量发展。

除司法鉴定机构的准入条件外,司法鉴定人的准入门槛在实践中也暴露出诸多问题。其中,尤以"具有与所申请从事的司法鉴定业务相关工作十年以上经历,具有较强的专业技能"这一规定为甚。该准入条件在实践中的适用异化,已与立法初衷不相吻合,某种程度上也成为不适格人员涌入司法鉴定行业的一大原因。加之该规定系 20 余年前所制定,彼时的学科设置和职称评定实难匹配当下的现实情况。即使是"四大类"司法鉴定中的文书鉴定、法医精神病鉴定等较为倚重经验、技能的鉴定类别,目前其在学科设置和职称评定方面也都已有较大的发展。可以说,《决定》制定之初所适用的情形,目前已然不复存在。前述条件的持续存在,反而成为降低准入门槛、滋生准入弊端的一大原因。故应取消无学历、职称要求的单纯从事相关工作年限的准入条件。

此外,基于前文所述,现代科技的发展与专业门类的细化,决定了任何一名鉴定人只能是司法鉴定特定领域的专才,而非司法鉴定领域的通才。加之不同种类的司法鉴定之间专业跨度极大,每一鉴定业务都需要长期的学历教育、职业教育培养与实践工作积累才能胜任。譬如,对于法医病理鉴定工作而言,申请人至少需要接受 5 年法医学本科专业教育,并从事 5 年以上法医病理鉴定相关工作,方有资格申请从事法医病理鉴定业务。较长一段时间内,在司法鉴定准入方面,并不存在鉴定人执业类别数量的上限。这也导致实践中不少鉴定人拥有诸多执业类别,甚至横跨数个鉴定种类。鉴定人之所以能够解决诉讼中涉及的专门性问题,是因为其在专业领域的专家身份与地位。倘若某一鉴定人拥有多个甚至是横跨多鉴定种类的执业类别,很难想象其在每一执业类别中都具有专家水准。为强化鉴定人的专业性、权威性,确保司法鉴定的质量,有必要限定鉴定人的执业类别及其从事专业领域的数量。《司法鉴定人登记管理办法(修订征求意见稿)》第16条第1款对此作出规定:"经审核符合条件的,省级司法行政机关应当作出准予执业的决定,颁发司法鉴定人执业证。每名司法鉴定人的执业类别一般不超过二项。"[1]《法医类 物证类 声像资料司法鉴定机构登记评审细则》第8条第2款第1项则规定,"原则上,不得跨法医类、物证类、声像资料司法鉴定执业,一个司法鉴定人的执业专业领域不超过3个"。在肯定前述规定的同时也应注意到,法条使用的是"一般不超过""原则上"等表述。这也意味着实践中仍会存在超过规定专业领域数量,或者跨鉴定种类执业的鉴定人。甚至,司法鉴定机构和鉴定人为获批更多的鉴定种类、专业领域有可能采用违法违规的方式;司法行政部门工作人员也有可能利用审批权进行权力寻租。为避免可能出现的负面效应,在鉴定人

---

[1] 《司法部就〈司法鉴定机构登记管理办法(修订征求意见稿)〉〈司法鉴定人登记管理办法(修订征求意见稿)〉公开征求意见》,载中国政府网,https://www.gov.cn/xinwen/2019–08/15/content_5421533.htm。

能否跨鉴定种类执业以及执业专业领域数量的上限方面,应当作出更为明确的表述,建议可规定为:"每名司法鉴定人的执业专业领域不超过3个,且不得跨法医类、物证类、声像资料和环境损害司法鉴定执业。"

三、完善司法鉴定配套规范与准入程序

不同类别的司法鉴定往往因专业基础、科学原理、技术方法等方面的差异而有着各自的特殊性。然而,《决定》在准入管理上,将司法鉴定视作一个整体,对其未作出类别上的区分,均规定了相同的准入条件。《实施意见》则在司法鉴定准入资格上强调了司法鉴定机构和司法鉴定人的分类管理,要求科学设置、细化各类别鉴定人和鉴定机构准入条件。需要注意的是,对司法鉴定人和司法鉴定机构的分类管理是建立在统一的司法鉴定管理体制下的不同管理模式,在对鉴定种类和鉴定事项进行科学分类的基础上对不同鉴定种类的司法鉴定人和司法鉴定机构分类管理,进而确定其准入条件,保障其符合相应的鉴定资格条件和要求,实行专业化、精准化的登记管理制度,以适应司法鉴定意见作为证据的高标准和高要求,确保司法鉴定发现真实和实现司法公正的功能的发挥。[①]

《决定》施行以来的较长一段时间内,由于较为模糊和原则

[①] 参见郭华:《健全统一司法鉴定管理体制的实施意见的历程及解读》,载《中国司法鉴定》2017年第5期。

的准入条件,出现了准入审核缺乏可操作性且主观裁量空间过大等问题,这一定程度上源自对"相关的专业执业资格""相关专业""相关工作"等表述缺乏全国统一的配套解释规范。诚然,自2018年起,司法鉴定主管部门已根据《实施意见》的要求,相继制定、实施环境损害司法鉴定和法医类、物证类、声像资料司法鉴定准入登记评审细则,对从事"四大类"鉴定的司法鉴定机构和人员的专业能力、执业场所、检测实验室、仪器设备配置、技术条件等分别作出细化规定。但前述登记评审细则在施行时,亦出现了一些新的问题。譬如,《法医类司法鉴定机构登记评审评分标准》①中规定的"新申请执业鉴定人员需具有法医学或相关医学专业本科以上学历",所涉"相关医学专业"范围的尺度掌握问题;已取得执业资格者专业要求"可以适当放宽",所涉"适当放宽"的理解和放宽标准问题。实践中有关部门对"原则上,不得跨法医类、物证类、声像资料司法鉴定执业,一个司法鉴定人的执业专业领域不超过3个"的把握尺度也有所不同。目前,跨大类执业、超过3个专业领域执业的现象时有发生,且对于能否横跨"三大类"司法鉴定和环境损害司法鉴定执业的问题,亦未有明确规定。同时,对于要求较高的"基于材料特性的文件形成时间鉴定""交通事故痕迹物证综合鉴定"等细分领域及项目的评审尺度和标准,实践中亦未能完全统一。

---

① 为《法医类 物证类 声像资料司法鉴定机构登记评审细则》附件1。

为了进一步健全统一司法鉴定管理体制，推动司法鉴定统一管理从地方向全国转变，防止各地区之间在准入登记的尺度与标准方面的不一致，如同一本科专业在部分地区属于"相关专业"范畴，但在其他地区则被排除在"相关专业"之外等情形，建议由全国司法鉴定主管部门和教育行政部门共同牵头，在充分调研司法鉴定相关专业领域现有执业资格和本科以上专业的基础上，吸纳《环境损害司法鉴定机构登记评审细则》《法医类 物证类 声像资料司法鉴定机构登记评审细则》相关规定和部分省市的有益探索经验，颁布各类别的司法鉴定人准入"专业执业资格目录"和"高等院校专业目录"等配套文件。同时，通过公开目录的方式，进一步提高审核登记的透明度，消除可能滋生权力寻租的土壤。需要注意的是，司法鉴定人准入"专业执业资格目录"和"高等院校专业目录"等配套文件应当设置一定的有效期，定期予以更新，以契合司法鉴定领域各专业类别的发展动态。

相较于《决定》未将司法鉴定人的实际鉴定能力和司法鉴定机构的综合业务能力纳入验证及评价体系的情形，《实施意见》关于"严格审核登记程序，确保鉴定人和鉴定机构具有与从事鉴定活动相适应的条件和能力"的规定，对于司法行政部门的准入管理提出了更为严格的要求。鉴于准入管理是司法鉴定管理的首要环节，为确保准入与后续管理工作的衔接，防止准入和监管活动的脱节，司法行政部门内部负责审核登记的部门应当和负责鉴定管理的部门加强沟通与协调,并听取鉴定管理部门的意见。司法行政部门进行的准入登记审核,既要审查申请材料,也要审查申请人的资质能力是否满足从事司法鉴定工作的要求,是否符合法定条件。这就决定了司法鉴定准入审查并非单纯的形式审查,应借助准入程序的完善来实现实质审查的目的。为使准入登记程序更为严格、专业、科学,应在审核环节建立鉴定机构准入专家评审制度和鉴定人执业能力测试制度,确保申请登记的机构、人员具有与申请从事的司法鉴定业务相适应的能力。

司法行政部门除应对法人或者非法人组织提交的书面材料予以审查外,还应落实专家评审制度,对申请从事司法鉴定业务的法人或者非法人组织进行实质审核。评审专家可由相关行业组织、行业协会推荐,司法行政部门依据一定标准进行遴选后,按专家所在的鉴定专业领域分别建立相应的司法鉴定登记评审专家数据库。机构申请人申请准入登记或申请扩大业务范围的,司法行政部门应当按照随机、回避的原则,选择并组织专家严格按照登记评审规定,就机构申请人的仪器设备、执业场所、检测实验室、技术条件、专业人员、业绩以及管理水平等进行综合考核评审。考核评审未达到合格要求的,不得予以准入。个人申请从事司法鉴定业务或申请扩大执业范围的,司法行政部门需要在对申请材料进行审查的同时,着重就申请人是否具备相应的执业能力这一实质性内容予以考核,严格把好司法鉴定行业的进人关。司法鉴定实行鉴定人负责制,鉴定人是司法鉴定的实施主体,人的因素在司法鉴定质量影响因素中占据着最为核心的地位。因此,在进人上,不仅需要严格准入,进行实质审核,还需要明确应对哪些事项予以审核、通过什么方式进行审核。这就需要在登记评审规定的基础上,根据各专业领域鉴定人应当具备的资质能力,制定相应的鉴定人能力考核标准。对于所有申请准入登记的个人,都应对其对司法鉴定相关法律法规、司法鉴定管理制度等的掌握情况进行考核。在此基础上,还需从司法鉴定登记评审专家数据库中选择并组织各鉴定专业领域的专家,对申请人就其申请执业类别所应具备的执业能力和专业技能等进行考核与评价。实际操作时,可根据制定的鉴定人能力考核标准,通过书面考核、面试考核、实操考核等方式,对申请从事司法鉴定业务的个人的政治法律素养、鉴定专业技术能力等进行实质审核,实施严格准入。对于未能全项通过考核评审的申请人,不得予以准入。

四、夯实司法鉴定准人与培训的衔接机制

司法鉴定有着浓厚的科技色彩,但又不同于一般意义上的科学技术活动,其系对诉讼中涉及的专门性问题作出鉴别和判断的科学实证活动,属于法学与自然科学的交叉领域。司法鉴定的这一属性对司法鉴定人队伍也提出了更高的要求。一名合格的司法鉴定人需要兼顾法律与鉴定技术。为了打造一支既懂法律又精技术的司法鉴定人队伍，需要将培训作为司法鉴定准入管理的必经环节，通过建立司法鉴定实习制度、集中培训制度与研修制度等，夯实司法鉴定准入与培训的衔接机制，从而使司法鉴定人在获得执业证后能迅速适应鉴定活动的需要。

在司法鉴定准入与培训的衔接方面，首先应通过制度设计，优化司法鉴定岗前培训（包括转岗培训）的内容、方式、学时和考核。个人取得司法鉴定人执业证书但尚未独立执业时，需要按规定的内容、要求和时限接受岗前培训（包括转岗培训），以达到相应标准并通过考核。鉴于岗前培训（包括转岗培训）系以适应鉴定人岗位工作需要，并满足鉴定人岗位资质要求和具有相应执业能力为目的的培训活动，因而该培训需确保司法鉴定人在独立执业前掌握相关的司法鉴定政策、法律、业务知识、鉴定程序和技术规范等内容。需要注意的是，司法鉴定准入与培训的衔接应当实现全员覆盖。换言之，个人取得司法鉴定人执业证即"触发"了岗位培训的启动"开关"。即使是具有高级专业技术职称的鉴定人，其在取得司法鉴定人执业证后，同样应当接受司法鉴定岗位培训。一方面，部分具有高级专业技术职称的申请人往往年龄较大，其获评高级专业技术职称时距今较为久远。申请人虽具有与所申请从事的司法鉴定业务相关的高级专业技术职称，但其司法鉴定知识结构可能还停留在十数年前。这就意味着申请人原有的专业储备难以满足当前司法鉴定行业需要，亟须通过司法鉴定岗前培训来弥补短板，并通过考核来衡量申请人是否达到应有的岗位资质要求。另一方面,以相关专业高级专业技术职称申请司法鉴定执业资格的申请人,其专业技术职称与所申请从事的司法鉴定业务可能并非相同专业。如副主任医师申请法医临床鉴定业务,作为副主任医师的申请人在临床诊疗上掌握着较为精湛的技术,但在法医临床鉴定专门知识,尤其是司法鉴定相关法律法规、执业纪律知识等方面,往往较为欠缺。这就需要通过司法鉴定转岗培训来强化、夯实相关专业技能,并通过考核来判断申请人能否达到在司法鉴定岗位工作的能力。

准入与培训衔接机制的持续性、动态性运作,需要以常态化的教育培训组织为基础。这就需要在司法鉴定主管部门的推动下,依托司法鉴定行业协会科学性强、专业水平高的优势,与高等院校、科研院所以及业内专家学者深入合作,打造司法鉴定教育培训联盟或司法鉴定协会所属司法鉴定学院等培训实体。通过司法鉴定培训体系设置、培训师资队伍遴选、培训课程与课件库建设、精品核心课程打造以及培训考核评估等一系列的实践措施,形成常态化的司法鉴定教育培训机制。除准入培训外,还可在司法鉴定从业人员的入职培训、在职培训、职称培训、政治轮训、管理培训等多层次、各类别培训领域进行多元合作,全面提升其专业化、职业化水平。这不仅可以满足司法鉴定准入的岗位培训要求,亦可完善司法鉴定人执业培训制度,形成学历教育和执业教育相结合的学用衔接培养机制,实现对司法鉴定人岗位培训和终身教育的目标。中办、国办《实施意见》提出的司法鉴定人助理制度,有利于加强司法鉴定队伍的建设。司法鉴定人助理在申请司法鉴定执业前,以助理身份在司法鉴定机构中从事司法鉴定相关工作。鉴于司法鉴定人系特定司法鉴定专业领域的技术专家,基于"求精勿滥"的原则,可参照同属公共法律服务体系且较为成熟的申请律师执业人员实习管理制度,建立申请司法鉴定人执业人员实习管理制度,由相关主管部门负责对申请司法鉴定人资格的"实习司法鉴定人"进行全面管理与评价。前述制度可作为司法鉴定人助理制度的延伸并与司法鉴定人准入登记制度相衔接。具体制度设计,笔者将在后面的章节予以详细阐释。

第四章　夯实行业质量的司法鉴定管理研究

从构词方式上来看,"管理"一词系由"管"与"理"两者组成。"管"谓之管辖、掌管,强调的是对被管理的系统或组织拥有的社会权力;"理"则是以"管"为前提的行为,系指调理、理顺,强调的是遵循和运用科学规律对被管理的系统或组织进行相关的活动,以实现特定的目的。所谓"管理",即对特定系统或组织拥有管辖权的主体,为使特定系统或组织达到并持续最佳状态以实现特定的价值目标而进行的协调活动。① 这一追求最佳状态并实现特定价值目标的活动具体到司

---

① 参见郭金霞编著:《司法鉴定学总论》,中国政法大学出版社2019年版,第94页。

法鉴定领域即为司法鉴定管理。因此，有必要通过对司法鉴定管理主体为实现既定目标对司法鉴定机构、司法鉴定人和司法鉴定执业活动所进行的协调活动的研究，探寻如何夯实司法鉴定质量。基于"谁许可，谁负责；谁登记，谁管理"的行政许可原则，且为避免"重许可、轻监管和只许可、不监管"等问题的滋生，须依法强化准入后的司法鉴定管理。这对于树立司法鉴定行业形象，增强社会各界对司法鉴定的信心皆具有重要意义。

第一节 司法鉴定管理与鉴定行业发展

一、司法鉴定管理逻辑起点

从1998年国务院"三定"方案赋予司法部指导面向社会服务的司法鉴定工作职能，至2004年《国务院对确需保留的行政审批项目设定行政许可的决定》将"面向社会服务的司法鉴定人执业核准"和"设立面向社会服务的司法鉴定机构审批"纳入确需保留的行政许可事项范围，再到2005年全国人大常委会颁布并实施《决定》，立法赋予司法行政部门管理司法鉴定的职能，实现诉讼职能与鉴定管理职能的分立，实行司法鉴定人依法独立执业制度及统一的登记管理制度，保障鉴定公正，促进司法鉴定行业发展。① 我国司法鉴定制度的改革,系以司法鉴定管理作为逻辑起点。考虑到司法鉴定的管理制度、实施制度与适用制度对诉讼结果的不同影响,以及司法鉴定制度改革的难易程度,司法鉴定管理制度与诉讼制度的关联较为间接,尤其是国家对司法鉴定人和司法鉴定机构的管理不涉及诉讼制度问题,②从而使得司法鉴定管理制度改革的难度相对较小。其改革的成果有利于其他制度的改善并促进其他制度功能的发挥。③ 司法实践中暴露出的不少鉴定问题与司法鉴定管理相关联。这些问题的解决,若仅依赖司法鉴定实施制度和适用制度的改革,可能难以成功。其所涉及的司法鉴定机构和司法鉴定人的资质条件、鉴定程序、鉴定标准、鉴定方法等"人、机、料、法、环"方面的鉴定质量要素,需要通过司法鉴定管理改革的深化加以完善。

司法鉴定管理与司法鉴定管理部门息息相关,在确定司法鉴定管理部门的基础上,赋予其合理、科学的管理职能,不仅关系统一司法鉴定管理体制的问题,也会影响司法公正目标的实现。因此,有必要对司法鉴定管理相关问题进行深入研究,以便

---

① 参见邓甲明、刘少文:《纪念〈关于司法鉴定管理问题的决定〉实施十周年司法鉴定工作回顾及展望》,载《中国法律(中英文版)》2015年第5期。

② 参见《全国人大内司委:把司法鉴定管理纳入法制化轨道》,载南方网2003年1月9日,http://law.southcn.com/fzxw/200301090332.htm。

③ 参见霍宪丹、郭华:《司法鉴定制度改革的逻辑反思与路径探究》,载《法律科学(西北政法大学学报)》2010年第1期。

合理配置司法鉴定管理部门的职能,提高司法鉴定管理水平,保障司法鉴定的质量并提升司法鉴定的公信力。就司法鉴定管理的性质和目标而言,司法活动所追求的公正与效率,需要依靠司法鉴定质量来保证。在管理范围上,包括司法鉴定机构和司法鉴定人从事司法鉴定活动及其相关行为。司法鉴定的管理模态,应当通过统一的管理部门、统一的名册公告制度、统一设定的鉴定事项以及鉴定业务范围的动态化管理,在追求公平正义的价值取向上与我国诉讼制度改革相接轨,同时契合我国行政管理体制改革的发展方向,为政府部门优化结构配置、合理利用资源、提高综合效能、扩大服务领域、减少消耗浪费开辟新的探索和创新领域。[1]

二、司法鉴定管理制度及鉴定行业分析

不可否认,以《决定》施行为代表的司法鉴定管理改革,整体上推动了司法鉴定行业的快速发展。《决定》赋予司法行政部门司法鉴定登记管理权,明确了司法鉴定准入条件和程序。司法行政部门根据《决定》的授权,对司法鉴定机构和司法鉴定人进行登记、名册编制和公告。同时,《决定》规定人民法院和司法行政部门不得设立司法鉴定机构,侦查机关内设鉴定机构只能服务于侦查工作,不得面向社会接受委托从事司法鉴定

---

[1] 参见霍宪丹主编:《司法鉴定管理概论》,法律出版社2014年版,第104页。

业务。

(一) 司法鉴定管理规范体系基本建立

我国已建立起司法鉴定管理的一系列制度,从法律、行政法规和规章、地方性法规三个层面为司法鉴定管理确定了基本方向及范围,并用于规范对司法鉴定行业的管理,保障司法鉴定管理活动的正常秩序。

《决定》作为司法鉴定领域唯一的专门性法律文件,确立了统一的司法鉴定管理体制及相关管理制度;《行政许可法》《行政处罚法》《国务院对确需保留的行政审批项目设定行政许可的决定》等涉及司法鉴定登记许可制度以及行政处罚制度;司法部《司法鉴定机构登记管理办法》《司法鉴定人登记管理办法》《司法鉴定程序通则》《司法鉴定执业活动投诉处理办法》《司法鉴定教育培训工作管理办法》《环境损害司法鉴定机构登记评审细则》《法医类 物证类 声像资料司法鉴定机构登记评审细则》《司法鉴定人和司法鉴定机构名册管理办法》《司法鉴定许可证和司法鉴定人执业证管理办法》等对司法鉴定执业管理的具体内容予以了规制。前述规范性文件涵盖司法鉴定登记评审制度、司法鉴定机构和司法鉴定人名册与公告制度、司法鉴定机构和司法鉴定人变更与注销制度、司法鉴定投诉处理制度、司法鉴定教育培训制度、司法鉴定收费管理制度等。司法部、生态环境部联合颁布的《环境损害司法鉴定执业分类规定》,司法部《法医类司法鉴定执业分类规定》《物证类司法鉴定执业分类规定》《声像资料司法鉴定执业分类规定》，从分类管理角度对"四大类"司法鉴定的执业分类问题作出规定。

相较于法律和规章，地方性法规在司法鉴定管理方面的规定更有针对性、主动性和可操作性。截至2024年12月31日，全国有24个省（自治区、直辖市）已制定或修订了地方性司法鉴定管理条例；全国31个省（自治区、直辖市）已根据《决定》第15条之规定，并结合本地区社会经济发展水平和人民群众支付能力，制定出台了司法鉴定收费管理办法。部分省（自治区、直辖市）司法行政部门还就司法鉴定职业道德、执业纪律，司法鉴定人助理制度，司法鉴定责任追究，司法鉴定人执业保障，司法鉴定许可注销程序等事项出台了专门规范，并在本行政区域内施行。

当前，司法鉴定管理的法律规范体系已基本建立，但在不少司法鉴定的管理制度上，仍存在空白与不足，难以有效保障司法鉴定行业的整体水平。

（二）司法鉴定行业发展规模增幅明显

据统计，2005年全国各省级司法厅（局）审核登记的法医类、物证类、声像资料司法鉴定机构共计1385家，司法鉴定人共计17692人。[①] 2022年度，全国经司法行政机关登记管理的从事法医类、物证类、声像资料和环境损害的司法鉴定机构共

[①] 参见李禹：《2005年全国司法鉴定工作统计分析》，载《中国司法鉴定》2006年第4期。

2837家,司法鉴定人36767人。①在《决定》施行的十余年间,全国司法鉴定机构数量增长了104.84%,司法鉴定人数量增长了107.82%。可以说,在《决定》颁布施行之前,鉴于全国范围内并无统一的司法鉴定管理制度,司法鉴定机构、司法鉴定人的设置和管理较为混乱。《决定》的出台不仅是新中国司法鉴定制度改革的重要标志,亦推动形成了颇具中国特色的统一司法鉴定管理体制。一方面,《决定》撤销了人民法院的鉴定机构和司法行政部门的鉴定机构,规定侦查机关的鉴定机构不得面向社会接受委托从事司法鉴定业务。职能部门鉴定机构在一定程度上退出原有鉴定领域后,社会各行各业存在的大量鉴定事项亟须非职能部门鉴定机构来弥补"缺口"。另一方面,随着社会发展和公民法治意识的提升,民商事案件中需要检验鉴定的专门性问题的数量呈直线上升趋势,对于司法鉴定机构、司法鉴定人的质量和数量也提出了新的要求。在此背景下,《决定》的施行无疑带来了司法鉴定行业发展的春天,推动了社会鉴定机构数量和规模的大幅提升。

根据各省级人民政府司法行政部门登记、编制和公告的《国家司法鉴定人和司法鉴定机构名册》,目前经司法行政部门登记管理的司法鉴定机构,已实现各省(自治区、直辖市)行政区域以及新疆生产建设兵团的全覆盖。同时,法医类、物证类、声

---

① 参见司法部公共法律服务管理局:《2022年度全国司法鉴定工作统计分析报告》,载《中国司法鉴定》2024年第1期。

像资料和环境损害司法鉴定等"四大类"鉴定业务,在司法行政部门登记管理的司法鉴定机构中均存在。仅以上海市经司法行政部门登记管理的司法鉴定机构为例,截至2024年1月29日,上海市共有司法鉴定机构43家,司法鉴定人799名。其中,法医类鉴定机构24家,含法医病理鉴定机构5家,法医临床鉴定机构19家;法医精神病鉴定机构15家;法医物证鉴定机构10家;法医毒物鉴定机构8家。物证类鉴定机构14家,含文书鉴定机构6家,痕迹鉴定机构7家,交通事故痕迹物证鉴定机构6家,微量物证鉴定机构5家。声像资料鉴定机构15家,含录音鉴定机构4家,图像鉴定机构5家,电子数据鉴定机构15家。环境损害鉴定机构5家,含污染物性质鉴定机构4家,地表水与沉积物环境损害鉴定机构4家,空气污染环境损害鉴定机构4家,土壤与地下水环境损害鉴定机构5家,近岸海洋与海岸带环境损害鉴定机构3家,生态系统环境损害鉴定机构4家,其他环境损害鉴定机构3家。①

(三)多元化司法鉴定管理模式的存在

《决定》的施行,标志着司法鉴定的管理从"多头"到"集中"、从"分散"到"统一",司法鉴定由原来的职能部门分别管理

---

① 本数据统计中所称司法鉴定机构,不包括侦查机关内设鉴定机构。参见《关于〈国家司法鉴定人和司法鉴定机构名册(上海市)〉(2023年度)的公告》,载上海市司法局网站2024年1月30日,https://sfj.sh.gov.cn/2020xxgkml_zdgkml/20240304/dbe436191ab9428989955ed2ace6cc53.html。

体制逐渐发展为统一管理体制。① 不可否认,统一司法鉴定管理体制的建立健全,有效消除了"多头管理""多龙治水"等司法鉴定管理乱象。但在实践中,侦查机关鉴定权力与司法鉴定管理权的混同、人民法院对外委托鉴定名册制度等的存在,意味着依然存在司法鉴定管理的多元化模式。

2005年起,司法鉴定管理领域中的权力结构有了明显变化。根据《决定》第7条,侦查机关依法定程序设立鉴定机构应出于"侦查工作的需要",且"不得面向社会接受委托从事司法鉴定业务"。诚然,《决定》在限制侦查机关"自侦自鉴"的同时,从设立目的和执业范围两方面对侦查机关内设鉴定机构予以了规制,令侦查机关的鉴定权力有了法定边界。中央要求"检察机关、公安机关、国家安全机关所属鉴定机构和鉴定人实行所属部门直接管理和司法行政机关备案登记相结合的管理模式。检察机关、公安机关、国家安全机关管理本系统所属鉴定机构和鉴定人,履行对本系统所属鉴定机构和鉴定人的资格审查、年度审验、资格延续与变更注销、颁发鉴定资格证书、系统内部名册编制、技术考核、业务指导管理、队伍建设和监督检查等职责;司法行政机关对经检察机关、公安机关、国家安全机关审查合格的所属鉴定机构和鉴定人进行备案登记,编制和更新国家鉴定机构、

---

① 参见霍宪丹主编:《司法鉴定学》,中国政法大学出版社2010年版,第46页。

鉴定人的名册并公告"。① 由此，统一司法鉴定管理体制下有了两种不同的管理模式，即对社会鉴定机构的审核登记和对侦查机关鉴定机构的备案登记。

司法鉴定体制改革中，因立法对于"自审自鉴"问题的否定，在禁止人民法院设立鉴定机构的同时，也隔绝了人民法院与鉴定机构之间的管理隶属关系。然而，人民法院对于鉴定结果仍具有决定性的影响力。最高人民法院《对外委托鉴定、评估、拍卖等工作管理规定》第42条第1款规定："法医、物证、声像资料三类鉴定的专业机构名册从司法行政管理部门编制的名册中选录编制。其他类别的专业机构、专家名册由相关行业协会或主管部门推荐，按照公开、公平、择优的原则选录编制。"人民法院委托鉴定工作实行的对外委托名册制度，由于涉及对外委托鉴定名册的设置，因而被部分学者批评存在"册中册"和"册外册"问题。有学者认为："撇开最高人民法院规定的内容，仅从'工作管理'名称来分析，这种选录编制鉴定机构名册权属于司法鉴定管理权的范畴……人民法院在司法行政部门名册管理的基础上对《决定》规定的'三大类'内的鉴定事项实行'册中册'的登记管理和对'三大类'外的鉴定事项实行'册外册'的登记管理，在司法鉴定管理领域与司法行政部门同时行使着鉴定机

---

① 最高人民法院、最高人民检察院、公安部、国家安全部、司法部关于《做好司法鉴定机构和司法鉴定人备案登记工作的通知》(司发通〔2008〕165号)。

构名册登记的混合性管理。"①也有学者认为:"人民法院对外委托工作是审判执行工作的重要环节,是对待证事实的寻证活动,受诉讼法律和司法解释的调整,属于司法活动,与行政机关的行政管理在性质、目的任务和管理后果等方面均不相同……对外委托名册只是人民法院开展委托鉴定工作的使用名单,并非行政许可,没有进入人民法院对外委托名册的各类社会中介机构,仍然可以接受公安、检察、行政机关、当事人等社会各界的委托,并不影响其执业。"②暂且抛开对外委托鉴定名册设置是否属于司法鉴定管理权范畴的争议,人民法院对外委托名册制度呈现出的司法鉴定管理多元化模式,其背后折射出的更多是司法鉴定管理与使用衔接机制的深化与完善问题。

第二节　司法鉴定管理实践反思

从司法鉴定改革实践分析,司法鉴定管理制度改革同样应遵循"以问题为导向"的基本路径。在推动统一司法鉴定管理体制建立健全的同时,尚有不少管理制度改革不完善、不协调、不匹配、不到位。司法鉴定管理方面仍存在不少问题,在制约鉴

---

① 参见郭华:《论司法鉴定管理领域的治理范式》,载《中国司法鉴定》2012年第6期。
② 最高人民法院办公厅《关于北京市司法局就登记管理的鉴定机构均进入北京法院专业机构名册意见的复函》(法办函〔2019〕604号)。

定质量的同时,一定程度上也影响了司法公正。甚至在司法鉴定机构和司法鉴定人社会化的过程中,还滋生出"鉴定黄牛""诉讼掮客"等乱象。司法鉴定管理改革尽管取得了诸多成就,但司法鉴定中原本存在的某些问题由于各类因素的影响与机制的制约,在实践中尚未消除。同时,又出现了诸如虚假鉴定、天价鉴定、金钱鉴定、人情鉴定等新问题,制约着司法鉴定改革的进一步深化。

一、《决定》施行过程中所面临的现实困扰

司法鉴定管理的法律依据,主要包括法律、行政法规、规章以及地方性法规。《决定》颁布之前,因司法鉴定领域存在多头鉴定、重复鉴定、虚假鉴定以及多头管理等"疾患",部分省(自治区、直辖市)人大通过制定地方性法规的方式对司法鉴定管理予以规制。对于专项问题作出规定的地方性法规,最早可追溯至1994年1月15日吉林省第八届人民代表大会常务委员会第七次会议通过的《吉林省司法医学鉴定管理条例》;最早对司法鉴定进行全面管理的地方性法规,则是1998年12月12日黑龙江省第九届人民代表大会常务委员会第六次会议通过的《黑龙江省司法鉴定管理条例》。随后,重庆、吉林、河南、湖北、四川、江西、河北、陕西、宁夏等省(自治区、直辖市)相继颁布了司法鉴定管理地方性法规。前述法规在为司法鉴定体制改革提供地方经验的同时,也在一定程度上提升了司法鉴定体制改革的

效率。

　　鉴于司法实践的需求、诉讼制度改革的愿景以及地方性法规之间欠缺统一规定的状况，需要通过立法来解决全国范围内司法鉴定统一管理的问题。随着《决定》的颁行，吉林、黑龙江等省（自治区、直辖市）相继废止了原先的司法鉴定管理地方性法规。然而，《决定》的施行并未能完全解决司法鉴定管理中的既存问题，加之在各类因素影响与机制制约下暴露出的新问题，不少省市在司法鉴定管理上"重起炉灶"，再次制定司法鉴定地方性法规。重庆、河南、湖北、河北、江西等地对其司法鉴定管理条例作出了修正，贵州、浙江、陕西、山东、福建、青海、广西、江苏、云南、辽宁、西藏、天津、上海、北京等地则相继颁布并施行了新的司法鉴定管理条例。以上海市为例，对标最高标准、落实最严要求，提交上海市人大审议通过的《上海市司法鉴定管理条例》明确了登记范围、准入条件、日常监管等要求，细化了司法鉴定机构、司法鉴定人执业规范，完善退出机制，严惩违法违规执业行为。在此基础上，为进一步落实严格准入要求，司法行政部门在司法鉴定专业技能评估考核、司法鉴定管理等方面，健全案件登记受理、鉴定实施、鉴定意见书出具、鉴定人出庭、案卷归档及接待投诉等全方位工作规范。同时，突出全面追责原则，会同办案机关严格司法鉴定责任追究，健全鉴定人负责制，健全鉴定人、有专门知识的人出庭作证的审查、启动和告知程序及相关措施。

就积极意义而言,各地相继出台多部司法鉴定方面的地方性法规,很好地弥补了立法的缺陷,对进一步规范鉴定管理、细化职责也起到了重要的作用。[①] 但同时也应看到,2005 年之后大量涌现的地方性立法,在弥补法律缺陷的同时,更多折射出的是《决定》实难解决各类现实问题,且不能满足司法实践和司法鉴定管理的需求。前述问题在一定程度上,也可能使全国统一的司法鉴定管理体制退回到省市层面的统一司法鉴定管理体制。诸如《决定》出台前的司法鉴定管理地方性立法的情形,在当前司法鉴定领域中亦再次重现。

二、鉴定机构发展与行业规划间的现实矛盾

正如前文所述,《决定》限制侦查机关设立鉴定机构的目的和执业范围,撤销人民法院和司法行政部门的鉴定机构,推行司法鉴定社会化改革。加之各类诉讼案件中涉及专门性问题的鉴定事项不断增多,由此带来的司法鉴定行业出现的大量"缺口",需要更多的社会鉴定机构和鉴定人来补足。此外,《决定》对于申请从事司法鉴定业务的法人、非法人组织和个人规定的准入门槛较低,无形之中也吸引着更多的鉴定机构及鉴定人涌入司法鉴定行业。发展至今,社会鉴定机构在全国范围内大量存在。自 2005 年起的很长一段时间内,我国鉴定机构的数量始

[①] 参见程军伟:《论司法鉴定的性质与监管——从〈陕西省司法鉴定管理条例〉谈起》,载《西北大学学报(哲学社会科学版)》2013 年第 2 期。

终处于增长状态。时至今日,仍不断有新的鉴定机构通过审批进入市场。① 诚然,近年来,在经历了司法鉴定机构快速增长的阶段后,国家开始完善司法鉴定机构的审查和退出机制,其数量开始下降。司法部公共法律服务管理局授权发布的数据显示,截至 2018 年,经司法行政机关审核登记的司法鉴定机构有 3834 家。截至 2020 年 3 月 26 日,中国司法鉴定机构数量为 3042 家。② 2021 年度、2022 年度全国经司法行政机关登记管理的"四大类"司法鉴定机构数量分别为 2883 家③和 2837 家④。前述数据负增长的背后,在于各地认真贯彻落实中办、国办《实施意见》和司法部《双严十二条》,陆续对"其他类"鉴定机构和鉴定人的登记管理作出调整。⑤ 但总体而言,在司法鉴定机构发展与司法鉴定行业规划方面,仍存在较为突出的鉴定机构、鉴定人过剩和行业规划失序等现实问题。

就司法鉴定机构过剩方面而言,不少资本注入司法鉴定行业,往往难以摆脱"高收益、低投入"的投资目的。这就使得投

---

① 参见陈和秋:《司法鉴定乱象之解》,载《民主与法制时报》2020 年 4 月 26 日,第 2 版。
② 参见张晓娜:《司法鉴定"乱象"清理整顿进行时》,载《民主与法制时报》2020 年 4 月 26 日,第 1 版。
③ 参见司法部公共法律服务管理局:《2021 年度全国司法鉴定工作统计分析报告》,载《中国司法鉴定》2023 年第 1 期。
④ 参见司法部公共法律服务管理局:《2022 年度全国司法鉴定工作统计分析报告》,载《中国司法鉴定》2024 年第 1 期。
⑤ 参见党凌云、张效礼:《2017 年度全国司法鉴定情况统计分析》,载《中国司法鉴定》2018 年第 3 期。

资者在成立司法鉴定机构、申请司法鉴定业务时，主要考虑的是那些案源较多、收费较高、成本较低的鉴定类别。同时，为了控制成本，此类司法鉴定机构的软、硬件条件往往紧贴准入门槛的下限。司法鉴定管理改革以来，《决定》对社会鉴定机构、鉴定人采取的低门槛标准与地方司法行政机关采取的"先铺摊子再管理"的粗放型发展模式，导致我国社会鉴定机构整体偏向"小、散、乱"，布局结构失衡，水平良莠不齐；大多数鉴定机构规模小、效益低，技术能力低下，缺乏发展潜力。结果是看似拥有同一鉴定执业类别的鉴定机构之间，在硬件、技术、鉴定人专业能力、内部质量管理等方面相差悬殊。[1] 因而，在较长一段时期内，司法鉴定机构总体布局不甚合理，部分司法鉴定机构"小、微"特性明显，机构规模小、专业能力弱、设备配置差，机构中的鉴定人在法律素养、职业道德、执业纪律和专业能力上也难以达到应有的水平。这就导致司法鉴定机构往往把精力放在法医临床鉴定、法医精神病鉴定、文书鉴定、交通事故痕迹物证鉴定等案源较多、成本投入较少且回报收益较多的业务类别上，并呈现出低水平重复发展的态势。社会鉴定机构规模偏小，缺少国家投入的自收自支的机构占大多数，有的法医没有经过严格的转岗训练，[2]相当一部分鉴定机构仅有一项司法鉴定业务。鉴于

---

[1] 参见陈如超：《论司法鉴定管理与使用的衔接机制》，载《证据科学》2018年第3期。

[2] 参见张军主编：《中国司法鉴定制度改革与完善研究》，中国政法大学出版社2008年版，第123页。

司法鉴定行业缺乏总体布局、鉴定机构过剩等问题,作为司法鉴定使用方的人民法院也在相关文件中予以了回应:"人民法院的主要任务是公开公平公正处理案件,而非为各类鉴定机构提供案源。工作中,为保证审判执行工作质量,各级人民法院应当加强对鉴定机构鉴定人专业能力、业务水平、规范管理、诚信执业等情况的审查,择优选择符合审判执行工作需要的鉴定机构、鉴定人,没有必要也没有义务将所有专业机构纳入人民法院对外委托名册。"①

三、司法鉴定市场化引发的实践新问题

《决定》限制侦查机关鉴定机构"设立目的"和"业务范围",取消人民法院和司法行政部门的鉴定机构,在一定程度上令社会鉴定机构有了独立性和中立性。但在社会化的同时,司法鉴定又难免受到经济利益的影响,趋于市场化。正如有观点所指出,司法鉴定机构成为第三方司法服务机构以后,中立是不成问题了,但又引发了诸多实践新问题,比如"漫天要价""鉴定的资质""鉴定的质量和效力"等。②

2017 年,《实施意见》强调了司法鉴定制度是解决诉讼涉及的专门性问题、帮助司法机关查明案件事实的司法保障制度,对

---

① 最高人民法院办公厅《关于北京市司法局就登记管理的鉴定机构均进入北京法院专业机构名册意见的复函》。
② 参见劳月:《别让司法鉴定成为一门纯粹的生意》,载新京报网站,http://m.bjnews.com.cn/detail/155151412414834.html。

于维护社会公平正义、全面推进依法治国具有重要意义。同年，为贯彻中办、国办《实施意见》，司法部颁布了《双严十二条》，分别从严格准入、严格管理、严格鉴定等方面对司法鉴定相关问题提出了12条要求。2018年，司法部、生态环境部联合印发《环境损害司法鉴定机构登记评审细则》。2019年，司法部修改《司法鉴定执业活动投诉处理办法》。同年，司法部就《司法鉴定机构登记管理办法（修订征求意见稿）》《司法鉴定人登记管理办法（修订征求意见稿）》公开征求意见。2019年以来，司法部单独或会同有关部门颁布《环境损害司法鉴定执业分类规定》《法医类司法鉴定执业分类规定》《物证类司法鉴定执业分类规定》《声像资料司法鉴定执业分类规定》等"四大类"司法鉴定执业分类规定。2020年5月14日，司法部发布《关于进一步规范和完善司法鉴定人出庭作证活动的指导意见》（司规〔2020〕2号）。同年11月2日，司法部颁布《关于进一步深化改革 强化监管 提高司法鉴定质量和公信力的意见》。同年12月29日，司法部办公厅发布《关于严格规范司法鉴定机构开展亲子鉴定业务有关工作的紧急通知》（司办通〔2020〕100号）。2021年，司法部印发《司法鉴定教育培训工作管理办法》（司规〔2021〕1号）、《法医类 物证类 声像资料司法鉴定机构登记评审细则》，司法部办公厅、原中国银行保险监督管理委员会办公厅联合发布《关于规范涉及保险理赔司法鉴定工作的通知》（司办通〔2021〕91号）。2022年12月2日，司法部印发《司法鉴定机构内部复核工作规定(试行)》(司规〔2022〕3号)。为进一步规范侦查机关鉴定活动,对标司法改革对于侦查机关鉴定工作的新要求,公安部于2017年2月16日发布了《关于发布〈公安机关鉴定规则〉和鉴定文书式样的通知》(公通字〔2017〕6号)。2019年11月22日,公安部发布修订后的《公安机关鉴定机构登记管理办法》(公安部令第155号)、《公安机关鉴定人登记管理办法》(公安部令第156号)。2018年2月11日,最高人民检察院第十二届检察委员会第七十三次会议通过《关于指派、聘请有专门知识的人参与办案若干问题的规定(试行)》。2018年,为进一步规范人民法院对外委托鉴定、评估等工作,最高人民法院建立人民法院诉讼资产网信息平台,完善对专业机构、专业人员的注册管理与使用机制等。2019年10月14日,最高人民法院审判委员会第1777次会议通过《关于修改〈关于民事诉讼证据的若干规定〉的决定》,对司法解释中涉及鉴定的问题作了大量修改和细化,彰显了鉴定意见在民事诉讼证据中的重要地位。2020年,最高人民法院又陆续发布或修改了《关于人民法院民事诉讼中委托鉴定审查工作若干问题的规定》(法〔2020〕202号)、《关于知识产权民事诉讼证据的若干规定》(法释〔2020〕12号)、《关于审理医疗损害责任纠纷案件适用法律若干问题的解释》(法释〔2020〕17号)等司法解释和规范性文件,对于民事诉讼中的委托鉴定审查、知识产权鉴定、医疗损害鉴定等问题作了专门规定。2023年,《最高人民法院关于生态环境侵权民事诉讼证据的若干规定》对生态环境侵权民事案件中的环境损害司法鉴定作出了规定。

  2017年至今,司法鉴定相关法律法规的高频颁行,一方面,源自国家机关和社会各界对于司法鉴定领域的重视程度日益提升;另一方面,从侧面反映出了当前司法鉴定领域存在的突出问题。"人民法院和司法行政部门不得设立鉴定机构,公安机关内设的鉴定机构也不得面向社会接受委托的规定,给了司法鉴定市场化的良机,带来了便利和竞争,但一些司法鉴定机构为了牟利而不择手段,甚至忘却了初心。"①诸如虚假鉴定、天价鉴定、人情鉴定、金钱鉴定等问题的滋生,对于司法鉴定质量、司法鉴定公信力无疑带来了极为负面的影响。2020年9月12日,《新京报》一则题为《司法亲子鉴定造假调查:无血缘关系变亲生》的报道,②更是将虚假鉴定这一问题曝光在社会公众面前。

---

  ① 参见沈彬:《无血缘关系变亲生:别让司法鉴定机构滥用"准司法权"》,载新京报网站,http://www.bjnews.com.cn/opinion/2020/09/12/768443.html。
  ② 据媒体报道,记者通过卧底网络送养、亲子鉴定等社交群组,与"司法黄牛"搭线后,"司法黄牛"用造假材料为记者代办具有亲子关系的司法亲子鉴定报告。在一些社交群组中,隐匿着不少类似的"黄牛",他们瞄准群里的非法领养者,代办亲子鉴定,帮领养的婴儿落户,收取少则八千元、多则数万元的费用。有代办人员称,其可根据委托人需求,办理全国多地的司法鉴定意见书,通过调换血样,拿到想要的鉴定结果。和很多"司法黄牛"类似,其自称和正规鉴定机构"合作",当事人无须到场,甚至不用提供血样,也能拿到鉴定报告。"不管是不是亲生的,都能帮你做成亲生的。"记者随意取了雷亚龙、杨佳颖、雷承业3个假名字给"司法黄牛",最后成功获得广东华医大司法鉴定中心出具的真实鉴定报告。这些通过调换血样"造"出的亲子鉴定意见,普通人很难验证真假,对非法领养甚至是拐卖的儿童来说,这已经成为"洗白"身份的秘密手段。参见程亚龙:《司法亲子鉴定造假调查:无血缘关系变亲生》,载新京报网站,http://epaper.bjnews.com.cn/html/2020-09/12/content_789301.htm。

司法鉴定机构的执业原则是服务办案机关和公民、组织的诉讼需要,保障当事人的诉讼权利,促进司法公正,提高司法效率。通俗来讲,司法鉴定就是对某个事实出具能够为司法机关所信赖的意见。因此,无论是司法鉴定机构还是司法鉴定人,其出具的鉴定意见都代表了民众最基础的司法信赖。而司法信赖是法治社会最基础的理性保障,其一旦受损,动摇的将是整个法治体系的基石。[①]

第三节 夯实质量的司法鉴定管理进路

司法鉴定制度作为司法制度的子系统之一,应充分发挥其在促进司法公正、提高司法效率、维护司法权威方面的重要作用。然而,司法鉴定制度的内在"痼疾"因司法鉴定管理的失序而趋于严重,使得协助解决专门性问题的司法鉴定在司法实践中不仅没有能够充分发挥其应有的功能与优势,而且不断制造出新的矛盾和纠纷,使原本就存在分歧或争议的专门性问题变得更加捉摸不定,事实的纠纷演变为鉴定的争议,案件专门性问题的分歧酿成科学技术问题的大战,司法鉴定制度的改革也就

[①] 参见巩宸宇:《严防不如严惩,假鉴定的责任必须有人担》,载《检察日报》2020年12月23日,第4版。

成为必然。① 在对司法鉴定管理实践予以分析和反思的基础上，有必要通过管理规范的建立健全，进一步推进司法鉴定行业的规范化、法治化和科学化，从而切实提升司法鉴定质量，保障鉴定意见的科学性、权威性和公信力。

一、优化司法鉴定行业的发展规划

司法鉴定是一项重要的司法保障制度，亦是公共法律服务的有机组成部分。司法鉴定资源的配置与诉讼活动的实际需要、人民群众的权益维护息息相关。倘若司法鉴定资源不足，不仅无法满足社会对司法鉴定的实际需求，亦会令一定范围内的司法鉴定机构和司法鉴定人处于超负荷状态，显然不利于保障司法鉴定的质量。反之，若司法鉴定资源过剩或行业低水平重复发展，势必将导致司法鉴定机构之间的恶性、无序竞争。司法鉴定机构为了获得更多的市场份额，往往会选择以各类不正当方式来争夺案源。

以《决定》的施行为标志的司法鉴定制度改革，采用了司法鉴定机构设立主体限制性禁止的模式。《决定》规定，侦查机关根据侦查工作的需要可有条件地设立鉴定机构，人民法院和司法行政部门不得设立鉴定机构，其他任何法人或者非法人组织皆可依据《决定》规定的条件申请设立司法鉴定机构，这就使得

---

① 参见霍宪丹主编：《司法鉴定管理概论》，法律出版社2014年版，第53~54页。

司法鉴定机构的设立呈现出市场化的趋势。将司法鉴定机构完全交由市场调整的做法,在《决定》实施后的若干年中已然暴露出了诸多问题,亦为统一司法鉴定管理体制的推进和健全埋下了隐忧。部分司法鉴定机构为了自身经济利益的最大化,与当事人或者"司法黄牛"等进行违法交易,甚至遵从当事人的意愿来"定制"鉴定意见。司法鉴定原本所应秉持的客观性、中立性,转而为实践中的各种利益因素所侵蚀。从市场化角度来看,有市场即有竞争。部分行业中,通过市场化来保持适度的竞争,能够发挥市场调节的正向效能。但司法鉴定行业不同于一般的行业,如果将司法鉴定交给市场调整,要么会出现权力寻租的情形,要么会使司法鉴定机构或者鉴定人因利益而铤而走险,无论哪种情形均会扰乱鉴定秩序,最终影响司法的效率与公正。①

为了避免司法鉴定滑向市场化,并诱发市场潜在的消极影响,需要通过一定的外力介入,来对司法鉴定资源予以科学规划和合理配置,以帮助司法机关查明案件事实,满足人民群众鉴定服务需求。在此背景下,作为司法鉴定行业主管部门的司法行政部门,应当在全面、科学评估本地区司法鉴定机构和司法鉴定人情况,充分调研司法机关和人民群众对司法鉴定的需求,细致分析法规政策对司法鉴定行业所提要求的基础上,针对本地区

---

① 参见郭华:《治理我国实践中司法鉴定失序的正途》,载《中国司法鉴定》2014年第4期。

司法鉴定行业发展存在的问题与不足,科学制订、出台并实施相应的司法鉴定行业发展规划。这不仅是《司法鉴定机构登记管理办法》赋予司法行政部门的职责,亦是司法鉴定管理改革所提出的要求。需要将司法鉴定行业原本的无序发展转变为有序发展,并推动其健康、良性运行。司法鉴定行业发展的优化,核心在于一定地区范围内的司法鉴定机构布局的科学合理规划。司法鉴定主管部门应当在充分调研、评估的基础上摸清"家底",以便科学确定重点发展的领域,并稳妥有序地布局司法鉴定机构。诚然,现阶段《决定》对于司法鉴定机构设立条件的规定尚未修改,但《双严十二条》《关于进一步深化改革 强化监管 提高司法鉴定质量和公信力的意见》《环境损害司法鉴定机构登记评审细则》《法医类 物证类 声像资料司法鉴定机构登记评审细则》等规范性文件为对司法鉴定行业从严要求奠定了法理基础。司法鉴定行业规划的优化,必然遵循全流程、动态化的有序路径。不仅需要对司法鉴定机构总体数量进行动态控制,以便与本地区实际的鉴定需求相适应,更需要通过严格准入机制、强化监管力度、完善退出机制的全流程管控,来实现司法鉴定行业的有序、健康发展,避免盲目、重复建设以及恶性竞争。

司法鉴定作为兼具社会科学和自然科学双重属性的科学实证活动,科学性是其发展和传承的基础要素。就具象层面而言,司法鉴定行业发展规划中的科学性要素体现在司法鉴定机构的科学设置、不断充实的司法鉴定科学资源以及科学专业的鉴定力量方面。仅以法医临床鉴定为例，自 2005 年《决定》施行以来，全国"四大类"司法鉴定机构中，从事法医临床鉴定的机构数量最多，占总数的 40% 以上；法医临床鉴定业务更是占了司法鉴定业务总量的七成以上。① 譬如，截至 2024 年 12 月 31 日，浙江省司法厅审核登记的"四大类"司法鉴定机构共 67 家，其中法医临床司法鉴定机构 41 家，占机构总数的 61.19。② 近年来，法医临床鉴定机构始终占据"四大类"司法鉴定机构"半壁

---

① 2005 年度至 2022 年度全国法医临床鉴定情况统计数据可详见李禹：《2005 年全国司法鉴定工作统计分析》，载《中国司法鉴定》2006 年第 4 期；李禹、刘莎莎：《2006 年全国法医类、物证类、声像资料司法鉴定情况统计分析》，载《中国司法鉴定》2007 年第 4 期；李禹、罗萍：《2007 年度全国法医类、物证类、声像资料类司法鉴定情况统计分析》，载《中国司法鉴定》2008 年第 4 期；李禹：《2008 年度全国法医类、物证类、声像资料类司法鉴定情况统计分析》，载《中国司法鉴定》2009 年第 4 期；李禹、王奕森：《2009 年度全国"三大类"司法鉴定情况统计分析》，载《中国司法鉴定》2010 年第 4 期；李禹、陈璐：《2010 年度全国法医类、物证类、声像资料类司法鉴定情况统计分析》，载《中国司法鉴定》2011 年第 4 期；李禹、党凌云：《2011 年度全国法医类、物证类、声像资料类司法鉴定情况统计分析》，载《中国司法鉴定》2012 年第 3 期；李禹、党凌云：《2012 年度全国司法鉴定情况统计分析》，载《中国司法鉴定》2013 年第 4 期；李禹、党凌云：《2013 年度全国司法鉴定情况统计分析》，载《中国司法鉴定》2014 年第 4 期；党凌云、郑振玉、宋丽娟：《2014 年度全国司法鉴定情况统计分析》，载《中国司法鉴定》2015 年第 4 期；党凌云、郑振玉：《2015 年度全国司法鉴定情况统计分析》，载《中国司法鉴定》2016 年第 3 期；党凌云、郑振玉：《2016 年度全国司法鉴定情况统计分析》，载《中国司法鉴定》2017 年第 3 期；党凌云、张效礼：《2017 年度全国司法鉴定情况统计分析》，载《中国司法鉴定》2018 年第 3 期；司法部公共法律服务管理局：《2021 年度全国司法鉴定工作统计分析报告》，载《中国司法鉴定》2023 年第 1 期；司法部公共法律服务管理局：《2022 年度全国司法鉴定工作统计分析报告》，载《中国司法鉴定》2024 年第 1 期。

② 参见《2024 年度国家司法鉴定人和司法鉴定机构名册浙江省分册》，载浙江省司法厅网站 2025 年 2 月 21 日，http://sft.zj.gov.cn/art/2025/2/21/art_1229247892_5461260.html。

江山"以上,一方面,是因为诉讼和非诉领域中法医临床鉴定业务占比较大;另一方面,则是因为法医临床司法鉴定在软件、硬件上的低投入以及准入的低门槛。面对"低投入、低门槛"和"高产出、高回报"的强烈反差,法医临床司法鉴定机构的蜂拥设置和无序发展也就成为必然。不过,针对这一典型问题,各地司法行政部门在对司法鉴定行业发展规划的调研中,已然给予了重视,并提出了相应对策。譬如,《山东省司法鉴定行业发展规划(2020—2024年)》提出,"从事法医临床等鉴定业务的机构数量基本满足社会需要,但从事单一业务的机构数量较多,占比83%……原则上不再新发展单一从事法医临床业务的司法鉴定机构"。否定司法鉴定行业低水平、重复无序的异化发展态势的背后,则是对司法鉴定行业做精做强的时代呼唤。优化司法鉴定行业的发展规划,需要最大限度地发挥司法鉴定制度的功能效用,在全面覆盖司法鉴定类别,满足日益增长的诉讼活动实践需要以及人民群众对鉴定服务需求的基础上,打造技术水准一流、专业特色鲜明、鉴定质量可靠、鉴定服务优质的司法鉴定品牌特色。

二、打造司法鉴定机构的科学布局

布局即为对事物的全面规划和安排。规划、安排是否科学、有序,直接关乎某一事物的发展前景。司法鉴定作为一项公共法律服务资源,其得以有效整合,推动公共法律服务体系建设的深化,离不开科学、合理的布局规划。不可否认,司法鉴定是一种有限的资源。司法鉴定机构的设置及运行、司法鉴定队伍的培养和建设,都需要仪器设备、场地、资金、人力资源等各项硬件、软件的投入。借鉴经济学领域的理论,对于有限资源需要作出最为恰当的安排,以得到最佳的效果。司法鉴定同样如此,唯有通过合理规划和科学布局,才能使其既无过剩浪费之忧,又无短缺捉襟之急。

(一) 与鉴定实际需求适应的司法鉴定机构布局统筹

深化公共法律服务体系建设,须加快整合包括司法鉴定在内的公共法律服务资源,尽快建成覆盖全业务、全时空的公共法律服务网络。司法鉴定公共法律服务资源整合的过程中,势必需要对司法鉴定活动实际需求和鉴定业务发展动态进行深入检视。

现代社会的发展、科学技术的进步以及公民法治意识的提升,决定了司法鉴定在诉讼领域和行政执法、纠纷调解、保险理赔等非诉领域中需求总量的整体增长。一方面,法医类鉴定、物证类鉴定、声像资料鉴定等传统鉴定在诉讼和非诉领域中有着较大的实际需求;另一方面,随着社会经济的不断发展,诸如环境损害、电子数据等新兴领域的司法鉴定需求也在持续增长。司法鉴定行政管理的主要路径之一,即制定法规、规章、政策、规范性文件等对司法鉴定进行宏观调控、政策引导、法规约束和行业规范。① 作为司法鉴定行业的主管机关,司法部出台的《司法鉴定机构登记管理办法》也已明确司法行政部门在司法鉴定机构布局统筹方面应当依法履行的职责。② 这就要求司法行政部门充分调研、统计所在地区的鉴定实际需求和业务数量,根据调研统计结果来调整区域范围内的司法鉴定机构的业务种类和机构数量。

司法鉴定机构的布局统筹,应以促进司法鉴定行业有序竞争、健康发展,避免重复建设、恶性竞争、盲目发展为前提。在司法鉴定机构数量和类型上,应保持适度的机构规模,确保鉴定类别相对齐全,囊括法医类、物证类、声像资料、环境损害等业务领域。同时,司法鉴定机构的结构须持续优化,提升拥有 20 名以上司法鉴定人的大规模、综合型司法鉴定机构的占比,持续削减 5 人以下、鉴定业务单一且缺乏专业优势的小、微司法鉴定机构的数量。鉴于司法鉴定在纠纷解决领域中的重要作用,其服务网络应当实现行政区域内的全覆盖。司法鉴定不仅侧重于对诉讼涉及的专门性问题进行鉴别和判断,还广泛应用于劳动仲裁、保险理赔、社会治安维护、医疗损害等领域,其中不少领域与人

---

① 参见杜志淳主编:《司法鉴定概论》(第 3 版),法律出版社 2018 年版,第 82 页。
② 《司法鉴定机构登记管理办法》第 9 条规定:"司法部负责全国司法鉴定机构的登记管理工作,依法履行下列职责:(一)制定全国司法鉴定发展规划并指导实施……"第 10 条规定:"省级司法行政机关负责本行政区域内司法鉴定机构登记管理工作,依法履行下列职责:(一)制定本行政区域司法鉴定发展规划并组织实施……"

民群众的实际需求息息相关。司法鉴定是公共法律服务体系的组成部分,在统筹布局司法鉴定机构时,应充分推动司法鉴定机构进驻公共法律服务中心,以实现司法鉴定服务窗口的全覆盖。当前,人民群众前往公共法律服务中心咨询与办理的司法鉴定案件,多涉及交通事故和医患纠纷等方面,部分还涉及办理户籍证明所需的亲子鉴定。通过协调使能够办理此类鉴定业务的司法鉴定机构进驻,当地人民群众不用再跑远路,在家门口即可享受到便捷的司法鉴定服务。除进驻公共法律服务中心外,对于司法鉴定资源较为薄弱的郊县区域,还需要进一步加强司法鉴定机构建设,鼓励和支持大型、综合型司法鉴定机构在郊县设立分支机构。

(二)做大做强与做精做优并重的司法鉴定品牌特色

司法部《关于进一步深化改革　强化监管　提高司法鉴定质量和公信力的意见》要求:"鼓励引导鉴定机构通过多种途径实现规模发展,规范整合小、微机构,推动机构做大做强、做精做优。完善以国家级司法鉴定机构为龙头、高资质高水平机构为支撑、专科型特色机构为亮点,不同类型司法鉴定机构优势互补、社会共享、持续发展的司法鉴定机构发展格局。"司法鉴定作为一项重要的司法保障制度,须要应对不断演进的事实认定科学化的问题。就此而言,不断推进司法鉴定结构优化,才能适配"用来发掘感官所不能及的"新的事实认定方式。针对不同的司法鉴定机构、司法鉴定人,需要通过差异化引导,打造类别齐全、优势互补的司法鉴定发展格局。鉴于社会各界对司法鉴定的需求呈现多样化、逐渐增长趋势,司法机关、行政机关、仲裁机构、律师事务所、个人等市场需求主体呈现多样性等特点,唯有做大做强与做精做优并重发展,才能打造出司法鉴定品牌的特色,提升国内、国际影响力。

从司法鉴定业务的发展进路来看,法医类司法鉴定业务在"四大类"鉴定中占比最大,其中又以法医临床鉴定业务为主,故全国司法鉴定机构中,法医临床鉴定机构数量尤多。法医类司法鉴定中,法医毒物鉴定的业务量增长显著。"四大类"鉴定中,物证类鉴定业务已然成为新的增长点。以山东省为例,该省在《司法鉴定行业发展规划(2020—2024年)》中提出,其文书鉴定业务年均增长20%,以交通痕迹为主的痕迹鉴定业务年均增长22%,物证类鉴定业务整体增长明显,已占全省鉴定业务总量的25%以上。① 相较于法医临床、法医病理等传统司法鉴定项目,录音、图像和电子数据司法鉴定虽发展时间较短,但已迅速成为各类民事、刑事、行政案件中不可或缺的鉴定项目。随着国家对生态环境保护的重视,生态环境损害赔偿案件数量增长,对环境损害司法鉴定业务形成潜在需求。基于各类别与专业领域的司法鉴定业务发展态势,应注重做大做强与做精做优并行,形成以高资质、高水平的司法鉴定机构为龙头,以优势突

---

① 参见《山东省司法鉴定行业发展规划(2020—2024年)》。

出、特色鲜明的专业性鉴定机构为支点,其他鉴定机构为基础的司法鉴定服务体系。考虑到当前从事法医临床鉴定等业务的司法鉴定机构数量已基本满足社会需求,且鉴定业务单一的机构在其中占比较大,因此,原则上不应过度发展单一从事法医临床鉴定业务的司法鉴定机构。同时,针对诉讼活动、行政执法、纠纷调解和保险理赔等领域的实际需求,应重点打造法医毒物鉴定、交通事故痕迹物证鉴定、声像资料鉴定、环境损害鉴定等专业的司法鉴定特色品牌,进一步提升优势专业与特色专业的国内、国际影响力。

(三)依托高校科研院所优势资源,打造高资质机构

在司法鉴定工作迈向规范化、法治化、科学化的同时,也应当注意到,由于行业发展过程中存在的矛盾而引发的突出问题削弱了司法鉴定的公信力,令社会公众对司法鉴定的科学性、公正性、客观性产生了质疑。重塑司法鉴定的应有质量,消除当前司法鉴定行业发展的负面因素,亟须一支革命化、正规化、专业化、职业化的高素质司法鉴定队伍。应依托高等院校、科研院所优势资源,大力扶持其所属司法鉴定机构的发展,确保其在司法鉴定行业中发挥主力军作用,保障司法鉴定的公信力和行业的健康有序发展。

除侦查机关内设鉴定机构外,面向社会的司法鉴定机构主要包括高等院校、科研院所以及私人或团体成立的司法鉴定机构。相较于私营组织设置的司法鉴定机构,高等院校、科研院所等事业单位设置的司法鉴定机构专业能力等较为突出,逐利性较弱,这就使此类司法鉴定机构有着更强的中立性,有助于切实保障司法鉴定的公益性。高等院校、科研院所本身就承担教学、科研的社会职能,拥有大量的专家资源与仪器设备等软硬件优势。高等院校、科研院所下属的司法鉴定机构可以有效整合前述优势资源,依托这些资源来提高司法鉴定的质量,确保其应有的科学性、客观性和可靠性,并助力重大、疑难、复杂案件的科学鉴定。高等院校、科研院所设置的司法鉴定机构同时系上级单位的教学、科研实践基地,承担着人才培养与科研转化等方面的职能。其与上级单位之间在教学、科研、鉴定方面的良性互动,不仅有助于促进"产学研用一体化",更有助于打造能够在决策咨询、技术研发、标准制定、梯队建设等方面担起重任的高资质司法鉴定机构。

依托高校科研院所优势资源打造高资质机构,关键在于顶层设计的完善。这就需要立法部门和司法鉴定主管部门在深入调研的基础上加以统筹规划,将发展高资质的高校科研院所司法鉴定机构作为科学布局司法鉴定机构的有效手段之一,通过立法等方式予以推动和保障,从而进一步促进其在司法鉴定行业中发挥引领作用。

三、提升司法鉴定队伍的专业素质

司法鉴定人作为司法鉴定的实施主体,其在保障司法鉴定质量上的重要性毋庸置疑。司法鉴定质量监控涉及的"人、机、料、法、环"各要素中,"人"居于首位,亦凸显了司法鉴定人的重要性。正是基于人的重要性,《决定》第 10 条规定了"司法鉴定实行鉴定人负责制度",以夯实司法鉴定的质量。司法鉴定队伍专业素质的提升并非一朝一夕即可实现,而是一项系统性工作,需要围绕司法鉴定人专业素质的不断提升,来实现专业队伍的可持续发展。

(一)制定统一司法鉴定专业目录

《决定》第 4 条规定了个人申请登记从事司法鉴定业务的条件。其中,"具有与所申请从事的司法鉴定业务相关的专业执业资格或者高等院校相关专业本科以上学历,从事相关工作五年以上"是实践中申请人最常用的条件。《决定》虽作出了"高等院校相关专业本科以上学历"的规定,但该规定较为笼统、原则,且未有相应立法解释或规范性文件予以细化。自 2005 年以来,各省级司法行政部门适用前述条件对申请人进行审核登记时,在"相关专业"的把握尺度上并不统一。诚然,部分省市在高等院校司法鉴定相关专业目录方面作了一些探索和尝试,亦制定有若干规范性文件,①但只适用于特定行政区域,且不甚统一,甚至不同省市的规定还存在矛盾之处。如本书第三章所述,

---

① 譬如,《江苏省司法鉴定人登记工作指南(2018)》、湖南省司法厅《关于规范司法鉴定机构和司法鉴定人登记工作有关要求的通知》等规范性文件中,均有对高等院校司法鉴定相关专业目录的规定。

同为药学专业本科以上学历的申请人,在不同地区申请从事法医毒物鉴定,即有可能因两地专业目录的差异而出现截然不同的申请结果。

除部分省市的探索外,《环境损害司法鉴定机构登记评审细则》《法医类 物证类 声像资料司法鉴定机构登记评审细则》分别在 2018 年和 2021 年出台,其中就规定了各鉴定专业领域的高等院校相关专业范围。但前述两项评审细则对于部分专业领域涉及的高等院校相关专业规定得较为笼统,且与教育部《学位授予和人才培养学科目录》《授予博士、硕士学位和培养研究生的学科、专业目录》《普通高等学校本科专业目录》等有关学科、专业的规定不完全统一。

提升司法鉴定队伍的专业化程度首先需要制定统一的司法鉴定专业目录,以提升司法鉴定人与其所申请从事业务之间的专业契合度。这就需要司法行政部门协调教育行政部门,在充分调研的基础上,根据司法鉴定各专业领域的特点,对标高等院校学科、专业设置,联合制定司法鉴定专业目录。同时,应根据教育部学科、专业目录和高等院校学科、专业培养情况进行动态调整,以最大限度实现学科、专业与司法鉴定业务之间的契合。

(二)学历教育与职业教育相衔接

接受岗前培训和继续教育既是司法鉴定人的应有权利,又是其法定义务。① 为此，司法部在2007年出台《司法鉴定教育培训规定》(已失效)，并于2021年公布了《司法鉴定教育培训工作管理办法》。其中规定，司法鉴定教育培训包括岗前培训和岗位培训，遵循"先培训后上岗"和终身教育的原则。就司法鉴定教育培训的性质而言，其属于职业教育的范畴，系司法鉴定人为了适应岗位工作需要、达到相应资质要求和执业能力，以及在执业期间改善知识结构、提高专业技能和职业道德水平而进行的教育培训。

诉讼活动中，司法鉴定人凭借其专业技术或专门知识，对诉讼中涉及的专门性问题从专业角度提出意见。为了确保司法鉴定人出具的鉴定意见具有一定的权威性、客观性和科学性，需要其具备较强的专业知识和丰富的实践经验。换言之，司法鉴定人应当是其所从事的鉴定业务领域的资深专业人员。为了达到这一能力要求，一名合格的司法鉴定人应当具备完整的专业知识储备、应用体系。实践中，自然人申请登记从事司法鉴定业务多依据"具有与所申请从事的司法鉴定业务相关的专业执业资格或者高等院校相关专业本科以上学历，从事相关工作五年以上"这一条件。该条件的核心为"高等院校相关专业本科以上学历"这一学历教育要素。

---

① 《司法鉴定人登记管理办法》第21条规定："司法鉴定人享有下列权利……(七)接受岗前培训和继续教育……"第22条规定："司法鉴定人应当履行下列义务……(八)参加司法鉴定岗前培训和继续教育……"

可见，唯有将学历教育与职业教育相贯通、相衔接，方可打造出司法鉴定人专业资质能力教育的完整体系。就司法鉴定学历教育而言，在制定统一司法鉴定专业目录的基础上，相关实务部门可通过和高等院校合作共建的方式，打造匹配司法鉴定行业特点的相关专业，培养符合行业发展需求的司法鉴定专门人才。2023年4月，根据教育部2022年度普通高等学校本科专业备案和审批结果，"司法鉴定学"被正式纳入普通高等学校本科专业目录，并作为法学类新增专业。这对于司法鉴定学历教育而言，无疑有着里程碑式的意义。一方面，司法鉴定学历教育作为高等教育的组成部分，其在司法鉴定专门人才的培养过程中，承担的是基础性和系统化的教育重任，更为强调夯实基础知识和综合能力。另一方面，为了实现学习与职业之间的无缝衔接，处于象牙塔中的司法鉴定学历教育需要时刻与行业发展紧密对接。因此，在司法鉴定专业人才，尤其是高端人才的培养过程中，可借鉴研究生教育中的"三助"模式，探索"助鉴"制度在司法鉴定学历教育，尤其是研究生阶段教育中的实践价值。在联动司法鉴定实务部门的基础上，为在校研究生提供鉴定助理岗位。通过研究生导师与实务导师（资深司法鉴定人）联合带教，学生在检案实践工作中接受司法鉴定人的指导，辅助其从事实际检案与研究工作，进而实现理论与实践的有机结合，并加强其在专业领域中的综合能力。① 经由在校学习转向岗位工作的过程,即涉及学历教育与职业教育如何衔接的问题。因此,司法鉴定职业教育应紧扣行业发展动态,提升司法鉴定人的专业能力,从而顺利实现司法鉴定人从校园向社会的转型。

(三)司法鉴定人助理制度的健全

司法鉴定人助理制度作为推动司法鉴定人才队伍可持续发展的制度之一,在培育和增强司法鉴定人后备力量、推进司法鉴定事业健康发展方面有着重要意义。《司法鉴定机构内部管理规范》第 7 条第 2 款规定,司法鉴定机构可以根据鉴定业务需要聘用司法鉴定人助理,辅助司法鉴定人开展司法鉴定业务活动,但不得在鉴定意见书上签名。司法鉴定人助理应当经省级司法行政机关备案。部分省市针对司法鉴定人助理制度亦出台了相关规范性文件。② 构建司法鉴定人助理制度,鼓励司法鉴定机构吸纳拥有相关专业学历的新生力量担任司法鉴定人助理,一方面,可以充实司法鉴定人才队伍储备库,这也是解决司法鉴定后备人才匮乏问题的重要途径,是司法鉴定人培养体系中不可或缺的环节;另一方面,是规范司法鉴定技术辅助活动、保障司

---

① 参见沈臻懿:《"助鉴"制度在司法鉴定研究生培养中的实践探索》,载《犯罪研究》2019 年第 1 期。

② 譬如,2015 年上海市司法局发布《关于加强和规范司法鉴定人助理管理工作的通知》;2020 年山东省司法厅发布《山东省司法鉴定人助理管理办法》;2023 年山西省司法厅发布《山西省司法厅司法鉴定人助理管理规定》。

法鉴定质量的重要举措。① 司法鉴定人助理在资深司法鉴定人的带领和指导下,辅助司法鉴定人开展司法鉴定业务活动的过程,即司法鉴定人助理不断提升自身专业能力的过程。可以说,司法鉴定人助理这一阶段,已成为连接申请人和司法鉴定人的桥梁与纽带,亦是申请人向合格司法鉴定人进阶的必经途径。

司法鉴定人助理制度的健全与运行,有助于对立法的践行。实践中,个人在申请登记从事司法鉴定业务时多依据"具有相关专业本科以上学历+从事相关工作五年以上"这一条件。有效考量一定年限内从事司法鉴定相关工作的经历,直接涉及对现有立法规定的践行。对此,有省级司法行政部门提出,从业经历年限特别是加分年限(超过基本要求的年限)的认定,要有充分的依据,不得简单以劳动合同、社保年限、各种证书颁发日期认定,要确有参与案件的佐证资料②。鉴于各地司法行政部门在认定标准和认定依据上可能存在不一致之处,若能在健全司法鉴定人助理制度的基础上,将司法鉴定人助理工作年限与"从事相关工作五年以上"的立法规定相衔接,即可从运行和保

---

① 参见杜志淳:《司法鉴定法立法研究》,法律出版社2011年版,第56页。
② 《法医类 物证类 声像资料司法鉴定机构登记评审细则》(司规〔2021〕2号)规定,申请从事司法鉴定业务人员评分标准中,涉及"人员从业经历"评分要素。根据评审标准和具体评分要求,有省级司法行政部门在贯彻实施司法鉴定机构登记评审细则的意见方案中,提出对"人员从业经历"认定的评审标准细化,要有充分的依据,不得简单以劳动合同、社保年限、各种证书颁发日期认定,要确有参与案件的佐证资料。参见《福建省司法厅关于贯彻实施司法鉴定机构登记评审细则的意见》,载福建省司法厅网站 2021年9月17日,http://sft.fujian.gov.cn/zwgk/gggs/202109/t20210917_5690974.htm。

障层面对该制度予以落实,并统一对从事司法鉴定相关工作及其年限的认定。

与司法鉴定同属于公共法律服务体系的律师、公证等行业,在申请律师执业人员实习管理、担任公证员实习制度方面,已然较为成熟。① 在构建与健全司法鉴定人助理制度的同时,可以借鉴、吸收公共法律服务行业的既有经验,将司法鉴定人助理工作、鉴定相关工作及年限、申请司法鉴定执业人员实习管理等相融合,将相关工作经历界定为司法鉴定机构实习经历。司法鉴定人助理在实习期间,除由所属司法鉴定机构安排符合条件的资深鉴定人进行带教外,还应当参加属地司法行政部门、司法鉴定行业协会组织的集中培训和司法鉴定机构安排的鉴定实务训练。对于担任司法鉴定人助理的期限,应根据学历不同而区分规定。具体为具有相关专业本科学历者,担任司法鉴定人助理期限至少为5年;对于具有相关专业研究生学历者,可以适当减少担任助理期限。② 实习期届满后,司法鉴定人助理须参加由

---

① 《律师执业管理办法》第6条第1款规定:"申请律师执业,应当具备下列条件……(三)在律师事务所实习满一年……"第4款规定:"申请律师执业的人员,应当按照规定参加律师协会组织的实习活动,并经律师协会考核合格。"《申请律师执业人员实习管理规则》第4条第1款、第2款规定:"实习人员的实习期为一年,自《申请律师执业人员实习证》签发之日起计算。实习人员在实习期间应当参加律师协会组织的集中培训和律师事务所安排的实务训练,遵守实习管理规定,实习期满接受律师协会的考核。"《公证员执业管理办法》第7条规定:"担任公证员,应当具备下列条件……(五)在公证机构实习二年以上或者具有三年以上其他法律职业经历并在公证机构实习一年以上,经考核合格。"

② 参见范加庆、常林:《论我国司法鉴定人助理制度的完善》,载《中国司法鉴定》2011年第2期。

司法行政部门组织的执业能力测试,若考核通过并符合司法鉴定人准入条件,则可由司法行政部门作出准予从事司法鉴定业务的行政审批决定。

第五章 实时动态监管的司法鉴定监督研究

随着司法鉴定行业的蓬勃发展,鉴定意见作为重要的诉讼证据,受到司法实务部门的广泛关注。尽管鉴定意见技术含量高且证明力强,但作为证据,必须经查证属实才能作为定案的依据。而要发挥鉴定意见应有的证据功效,必须保证其科学可靠,因此加强对司法鉴定活动的监督显得尤为重要。① 作为司法鉴定管理活动的重要组成部分,司法鉴定监督管理直接关系司法鉴定行业的健康有序发展和人民群众的合法权益。监督是一个起于预防终于纠正的过程,具体至司法鉴定监

---

① 参见程军伟:《论司法鉴定的性质与监管——从〈陕西省司法鉴定管理条例〉谈起》,载《西北大学学报(哲学社会科学版)》2013年第2期。

督,可细分为事前、事中和事后监督三个环节。在较长一段时间内,司法鉴定管理多集中于静态的审核登记管理。司法鉴定机构、司法鉴定人进入司法鉴定行业后,如何对其持续有效管理这一问题受到的关注度往往较低。针对司法鉴定监管存在的问题,可通过监管机制的创新予以解决。这就需要转变固有理念,跳出传统的静态审核登记管理模式,实行实时动态监管。同时,注重事中、事后的司法鉴定监管,促进司法鉴定行业健康有序发展。

第一节 司法鉴定监督管理的界说与厘清

司法鉴定管理的预期目标,即通过对管理规范、执业规范和行为规范的建立健全,来推进司法鉴定的法治化、科学化和规范化,提升司法鉴定的质量,规范司法鉴定的秩序,完善司法鉴定执业的环境,进而确保司法鉴定意见的科学性、可靠性和公信力。就广义的司法鉴定管理而言,其涵盖了司法鉴定行政管理、司法鉴定行业管理和司法鉴定内部管理三方面。狭义的司法鉴定管理特指司法行政部门对申请从事司法鉴定业务,取得司法鉴定许可证和司法鉴定人执业证,以及司法鉴定执业活动所进行的审核登记、行政许可、检查指导、执业监管、违法处理等活动。由此可见,司法鉴定监管本身就是司法鉴定管理不可或缺的组成部分。

一、司法鉴定监督管理概览

司法鉴定监督管理中的"监督"一词基本词义为"查看并督促"[①]。其内涵包括引导、制约、惩戒、警示、预防等方面,且带有动态化和常态化的属性。作为一项专门活动,监督系由多方参与、多措并行,且贯穿始末,核心目的即保证监督对象能够合规运行。与其他监督一样,司法鉴定监督同样需要具备监督主体、客体以及内容这几项基本要素。就司法鉴定的监督主体而言,承担司法鉴定行政管理职能的司法行政部门,履行司法鉴定行业自律管理职能的司法鉴定协会,作为司法鉴定使用方的司法机关,以及公民、组织、新闻媒体等,均以不同形式、不同侧重对司法鉴定进行监督。鉴于本章聚焦于狭义的司法鉴定管理,即司法鉴定的行政管理,故本章阐释的司法鉴定监督,亦侧重于司法行政部门的监督管理。不过,相较于多元化的监督主体,司法鉴定监督的客体则是唯一的,即司法鉴定机构、司法鉴定人及其从事的司法鉴定执业活动。监督的内容涵盖司法鉴定机构、司法鉴定人的专业资质情况,遵守职业道德、执业纪律和行业规范的情况,遵守司法鉴定程序和技术标准、技术规范的情况等方面。

[①] 中国社会科学院语言研究所词典编辑室编:《现代汉语词典》(第6版),商务印书馆2012年版,第629页。

二、司法鉴定监督管理范畴

司法行政部门作为司法鉴定的主管部门,依据法律授权从事监督工作,是法定的司法鉴定监督部门。《决定》[①]《司法鉴定机构登记管理办法》[②]《司法鉴定人登记管理办法》[③]等法律法规规章都对司法行政部门的司法鉴定监督管理作了专门规定。司法鉴定监督管理的对象涵盖司法鉴定机构和司法鉴定人,但两者的监管内容既有相同之处又有差异。在遵守法律、法规和

---

① 《决定》第3条规定:"国务院司法行政部门主管全国鉴定人和鉴定机构的登记管理工作。省级人民政府司法行政部门依照本决定的规定,负责对鉴定人和鉴定机构的登记、名册编制和公告。"第13条规定:"鉴定人或者鉴定机构有违反本决定规定行为的,由省级人民政府司法行政部门予以警告,责令改正。鉴定人或者鉴定机构有下列情形之一的,由省级人民政府司法行政部门给予停止从事司法鉴定业务三个月以上一年以下的处罚;情节严重的,撤销登记:(一)因严重不负责任给当事人合法权益造成重大损失的;(二)提供虚假证明文件或者采取其他欺诈手段,骗取登记的;(三)经人民法院依法通知,拒绝出庭作证的;(四)法律、行政法规规定的其他情形。鉴定人故意作虚假鉴定,构成犯罪的,依法追究刑事责任;尚不构成犯罪的,依照前款规定处罚。"

② 《司法鉴定机构登记管理办法》第4条规定:"司法鉴定管理实行行政管理与行业管理相结合的管理制度。司法行政机关对司法鉴定机构及其司法鉴定活动依法进行指导、管理和监督、检查。司法鉴定行业协会依法进行自律管理。"第34条规定:"司法行政机关可以就下列事项,对司法鉴定机构进行监督、检查:(一)遵守法律、法规和规章的情况;(二)遵守司法鉴定程序、技术标准和技术操作规范的情况;(三)所属司法鉴定人执业的情况;(四)法律、法规和规章规定的其他事项。"

③ 《司法鉴定人登记管理办法》第4条规定:"司法鉴定管理实行行政管理与行业管理相结合的管理制度。司法行政机关对司法鉴定人及其执业活动进行指导、管理和监督、检查,司法鉴定行业协会依法进行自律管理。"第24条规定:"司法行政机关应当就下列事项,对司法鉴定人进行监督、检查:(一)遵守法律、法规和规章的情况;(二)遵守司法鉴定程序、技术标准和技术操作规范的情况;(三)遵守执业规则、职业道德和职业纪律的情况;(四)遵守所在司法鉴定机构内部管理制度的情况;(五)法律、法规和规章规定的其他事项。"

规章,遵守司法鉴定程序、技术标准和技术操作规范等事项上,两者具有相通性。考虑到司法鉴定机构是司法鉴定人执业的平台,且对外统一受理司法鉴定委托,故其负有相应的管理责任。《司法鉴定机构内部管理规范》对此亦有专门规定。该规范第3条规定:"司法鉴定机构内部管理是规范司法鉴定执业活动的重要基础。司法鉴定机构应当根据法律法规规章和本规范,建立完善机构内部管理制度,加强专业化、职业化、规范化和科学化建设,提高从业人员的政治素质、业务素质和职业道德素质。司法鉴定机构应当接受司法行政机关和司法鉴定行业协会的管理、监督和指导。"司法行政部门对司法鉴定机构的监督管理,主要体现在监督其是否能对本机构内部进行规范化管理,是否能有效管理所属的司法鉴定人,以及对其技术管理、设备管理和财务管理等方面的监督。在监管形式上两者较为相似,主要是进行监督检查,如组织对司法鉴定机构的检测实验室和仪器设备进行认证,对机构的资质和质量予以审核、评估,依法查阅或要求被检查的机构报送相关文件、材料,对举报、投诉进行立案调查,建立司法鉴定诚信等级评估制度,依法查阅或要求被检查的司法鉴定人报送相关文件、材料等。

三、动态全过程的监管及其特点

鉴定实践中存在一个认识误区,即认为司法鉴定管理仅是对司法鉴定人和司法鉴定机构按照法定条件进行注册登记、编制名册和向社会公布的工作。个别司法鉴定人和司法鉴定机构一经准入司法鉴定行业,便"高枕无忧",甚至"有恃无恐"。如果说涉及司法鉴定主体资格和资质管理的司法鉴定人、司法鉴定机构的资格准入更多的是一种静态化管理,司法鉴定人和司法鉴定机构经审核登记进入鉴定行业并从事司法鉴定业务,其整个执业活动皆为监管对象,这种管理则应属于全过程的动态化管理。为了避免"重许可、轻监管"和"只许可、不监管"等问题的滋生,就需要基于行政许可原则,在坚持"谁许可,谁负责;谁登记,谁管理"的基础上,依法强化对准入后的司法鉴定管理,构建司法鉴定"全生命周期"的动态化监管模式。《决定》赋予了国务院司法行政部门司法鉴定登记管理的职能,这是一种跨部门、跨地区、跨阶段的社会管理,具有全行业、全过程、动态化的特点。[①] 这就要求司法鉴定管理主体应当采用科学的监管模式,从全局角度进行统筹协调,通过建立良好的司法鉴定秩序,充分发挥司法鉴定制度的整体功能,促进司法鉴定质量和公信力的持续提升,使司法鉴定行业保持在科学高效的发展道路之上。此外,在优化现有监管手段的基础上,还需要进一步发挥数智化、信息化技术在司法鉴定实施动态监管中的重要作用,借助人工智能、大数据等新兴科技的专门优势,做到及时发现、应对并处置新情况、新问题,全面构筑信息化的司法鉴定监督管理

[①] 参见霍宪丹主编:《司法鉴定管理模式比较研究》,中国政法大学出版社2014年版,第127页。

体系。

第二节　全生命周期的动态监管模式构建

早在20世纪末,美国著名证据法学家达马斯卡就已预言:"站在20世纪末思考证据法的未来,很大程度上就是要探讨正在演进的事实认定科学化的问题。伴随着过去50年惊人的科学技术进步,新的事实确认方式已经开始在社会各个领域(包括司法领域)挑战传统的事实认定法。随着人类感官察觉的事实与用来发觉感官所不能及的世界的辅助工具所揭示的真相之间鸿沟的扩大,人类感官在事实认定中的重要性已经开始下降。"[1]司法鉴定作为一种以科技发现事实的重要证明方法,其在案件待证事实查明中的重要性越发凸显,使鉴定意见拥有"科学证据"的美誉。但不可否认的是,司法鉴定行业中尚存在鉴定机构和鉴定人鱼龙混杂,以及违规鉴定、违规竞争等问题。如果缺乏必要的约束和监督管理,那么隐藏在"科学证据"外衣下的违规鉴定、虚假鉴定所造成的现实危害将会更加严重。基于司法鉴定行业的运行规律,作为司法鉴定主管部门的司法行政部门若仅依赖事前监督和事后处罚,难以满足规制司法鉴定

---

[1]　[美]米尔建·R.达马斯卡:《漂移的证据法》,李学军等译,中国政法大学出版社2003年版,第200页。

行业秩序的要求，还需要进一步深入和健全对司法鉴定活动的全过程监管。

对于任何一个司法鉴定机构、司法鉴定人而言，其或漫长或短暂的鉴定活动生涯中，皆涉及准入、运行和退出三个典型阶段。前述过程始于准入，终于退出，具体而言，则涉及准入管理、日常管理、监督管理以及退出管理等环节。在这一"全生命周期"中，每一环节都应当受到监督管理。为此，司法行政部门就需要建立完善从准入许可到注销退出的司法鉴定主体全生命周期的管理制度。科学完善的司法鉴定管理改革进路，能够使司法行政部门依法充分发挥其服务和保障职能，通过严格准入、严格监管以及严肃淘汰，有效保证司法机关和诉讼当事人得到高质量的鉴定服务，提升司法鉴定行业的服务能力，促进行业的规范发展以及业务的规范进行，从而充分保障司法机关正确、高效地审查、认定证据，独立、公正地行使法定职权，进一步树立司法权威。[①]

一、监督管理专业化的提升

《决定》规定的对司法鉴定的登记管理并不等同于对公司、企业的登记管理。司法鉴定管理体制亦不能与鉴定机构和鉴定人的登记制度画等号。反之，司法鉴定管理将会陷入仅为鉴定

[①] 参见张军主编：《中国司法鉴定制度改革与完善研究》，中国政法大学出版社2008年版，"序言"第7页。

机构和鉴定人颁发"许可执照"的误区。司法鉴定管理是一种跨越部门、地区和阶段,具有动态化特点的全行业、全过程社会管理,监督管理是其不可或缺的组成部分。目前的司法鉴定管理中,监督管理方面还存在部分短板和不足。司法鉴定行业的发展,离不开专业人才队伍的持续建设和提升。这一人才队伍既包括司法鉴定专业技术人员,也包括司法鉴定管理人员。现实中,有些省级司法行政部门仍将司法鉴定管理人员等同于一般公务人员,未能体现出该领域的特殊性要求,与司法鉴定管理的专业化要求不相适应。而有些省市的地方立法又将司法鉴定的部分管理权下放给地市级的司法行政部门,导致司法鉴定的行政管理成效难以保障。[①] 司法鉴定作为一个高度专业化的行业,如何从行业规律角度出发对其予以科学化、精准化监管,对于管理的专业化程度无疑提出了更高的要求。

二、全生命周期的监管动态化调整

不可否认,司法鉴定良性发展的基础在于鉴定机构和鉴定人的准入登记,其直接与司法鉴定的质量挂钩。但作为一项全过程、动态化的组织协调活动,司法鉴定监管并不仅仅限于静态化的审核登记。这就要求司法鉴定的监管机制从传统的审核登记的静态监管模式转向全生命周期的动态监管模式。前述机制

---

① 参见郭华:《司法鉴定制度改革与审视》,知识产权出版社2022年版,第284页。

调整与创新所关注的焦点，除了管理之外，还在于事中和事后的司法鉴定监督。就全生命周期监管这一问题而言，其涉及源头准入、过程持续以及注销退出等一系列环节。在源头准入方面，针对申请、延续、变更司法鉴定执业等相关事项，可采取专家评审等方式，由相关专业领域的专家对申请人员的专业技术能力和条件等进行测试和评价。上海在前述机制创新方面所给予的制度化保障，值得借鉴和参考。2021年12月，上海在《决定》《上海市司法鉴定管理条例》《司法鉴定人登记管理办法》以及司法部有关文件精神的基础上，结合工作实际，制定了《上海市司法鉴定人执业能力测试办法》。该办法不仅有效落实了行业动态化监管，以更高要求更为全面地审查鉴定人资质，更从根本上提升了司法鉴定质量与行业公信力。司法鉴定执业监管的过程，需要注重对司法鉴定机构、司法鉴定人执业活动和鉴定质量等方面的管理。为从源头上规范司法鉴定活动，实现司法鉴定案件全流程监管，司法鉴定机构的鉴定意见书均需通过系统赋码，供办案单位及社会公众核验。应通过信息化技术，对司法鉴定信用管理、收费管理等予以规范和有效监督。基于现行立法打造的动态化监管制度，从高规格的准入及相应配套措施的优化，到信息化、动态化的监管创新，智慧赋能，再到司法鉴定主体的淘汰退出，完善从进口到出口的管理，以期形成全生命周期的完整监管闭环。

三、动态监管中的智慧化模式构建

信息化、智能化不仅对司法鉴定制度改革提出了新要求,也为司法鉴定动态监管指明了新方向。数字经济已然使各行各业都离不开数据的支持,基础数据的重要性让"数据为王"的理念逐渐被人们所接受。数据治理背景下的司法鉴定管理,亦需要借助科技创新手段,在管理上进行数字化、智能化的监管技术创新,通过监管的数据化影响和改变司法鉴定管理制度,也可使多年来制约、阻碍司法鉴定管理的因素因高科技的介入而被破解。[1] 司法鉴定作为一项科学实证活动,其本身就是一种科学发展的产物。司法鉴定具有的法学和自然科学相交融的特点,令司法鉴定监督管理也自然成为含科技要素较多的一项工作。信息技术、大数据与人工智能的发展为司法鉴定统一管理机制的建立与发展提供了新机遇。高效采集、有效整合、深化应用相关数据,有利于加强对诉讼需求、鉴定资源、鉴定机构、鉴定人及其执业活动的检测、分析、预测、预警,提高决策的针对性、科学性和实效性;有利于提高决策和管理水平,提高治理的精准性;有利于洞察鉴定需求,优化资源配置,及时有效地建设司法鉴定保障体系。[2] 就此而言,应充分利用现代科技来深化改革,司法

---

[1] 参见郭华:《司法鉴定管理改革的创新与监管智能化模式》,载《中国司法》2018年第12期。

[2] 参见霍宪丹主编:《司法鉴定统一管理机制研究》,法律出版社2017年版,第188页。

鉴定监督管理在这方面有着得天独厚的优势和应用前景。信息化、智能化、数字化的技术特性能够助力司法鉴定动态监督管理，其在精细化、智慧化运行方面，亦有着传统监管手段难以比拟的优势。"数据为王"的理念对司法鉴定动态监管同样产生着持续、深远的影响。客观而言，基于信息化、智能化和数字化的管理动态，不仅可以进一步提升司法鉴定监管的精细化水平和准确性，还可以有效缓解司法行政的监管负担，降低行政管理成本并提升监督管理效率。

第三节　司法鉴定退出与淘汰机制的完善

司法鉴定的全流程、动态化管理，涵盖了司法鉴定登记准入、日常指导、执业检查、监督管理以及退出淘汰的全生命周期。《决定》《司法鉴定机构登记管理办法》《司法鉴定人登记管理办法》等规定的统一司法鉴定管理体制，实则是由司法鉴定主管部门全面负责对司法鉴定实行登记管理，便于其在全国范围内统一设定、规划管理的内容和管理的方式，防止出现"条块分割、各自为政"的情况，切实保障鉴定机构和鉴定人独立、自主地开展鉴定活动。[①]

[①] 参见全国人大常委会法制工作委员会刑法室编著：《全国人民代表大会常务委员会关于司法鉴定管理问题的决定释义》，法律出版社2005年版，第7页。

一、司法鉴定退出与淘汰机制概览

司法鉴定机构和司法鉴定人的登记管理,并非只涉及行业准入环节的行政许可。"谁许可,谁负责;谁登记,谁管理"的基本原则要求司法鉴定主管部门在把好审核登记准入关的同时,对司法鉴定机构和司法鉴定人的执业活动进行指导、管理和监督、检查。如果说司法鉴定的准入是司法鉴定行业全流程管理的"入口",那么司法鉴定的退出则是全流程管理的"出口"。一个行业是否活力充足,直接影响该行业能否健康有序运行。为了保障司法鉴定行业的活力和发展,进一步提升司法鉴定的质量,不仅要从源头上构建专家型的司法鉴定人才队伍,确保司法鉴定机构和司法鉴定人的高起点、高水准,将不具备鉴定专业能力者阻拦在行业入口之外,还需要建立健全司法鉴定退出与淘汰机制,及时将不再符合准入条件或不再符合执业资质要求的司法鉴定机构和司法鉴定人清退、淘汰出司法鉴定行业,保证司法鉴定队伍的专业层次。然而,在对于违法违规的鉴定机构、鉴定人"一票否决"的问题上,由于《决定》第13条[①]规定得不尽全

[①] 《决定》第13条规定:"鉴定人或者鉴定机构有违反本决定规定行为的,由省级人民政府司法行政部门予以警告,责令改正。鉴定人或者鉴定机构有下列情形之一的,由省级人民政府司法行政部门给予停止从事司法鉴定业务三个月以上一年以下的处罚;情节严重的,撤销登记:(一)因严重不负责任给当事人合法权益造成重大损失的;(二)提供虚假证明文件或者采用其他欺诈手段,骗取登记的;(三)经人民法院依法通知,拒绝出庭作证的;(四)法律、行政法规规定的其他情形。鉴定人故意作虚假鉴定,构成犯罪的,依法追究刑事责任;尚不构成犯罪的,依照前款规定处罚。"

面、科学,司法行政部门对此条的适用顾虑重重,尤其担心引发行政复议或者行政诉讼,以至于真正从事鉴定的鉴定人因违规违法而退出鉴定行业的微乎其微。[①] 根据某省级司法行政部门的行政处罚政务公开信息,2017年1月至2023年6月,涉及司法鉴定的行政处罚共106例,其中警告95例、停止从事司法鉴定业务11例、撤销登记0例。根据前述数据统计不难发现,鉴定实践中因严重违法违规被撤销登记的情形并不常见。

从司法鉴定机构和司法鉴定人角度来看,司法鉴定退出包括主动退出和被动退出两大类。若基于司法鉴定主管部门的职责进行分类,则涉及依申请的注销和依职权启动的注销。主动退出系司法鉴定机构或司法鉴定人因特定事由而主动向原负责准入登记的司法行政部门依法申请终止司法鉴定活动,并注销司法鉴定许可证或司法鉴定人执业证。被动退出则较为复杂,既涉及司法鉴定机构或司法鉴定人因法定事由被司法行政部门办理注销的情形;又有司法鉴定机构或司法鉴定人因受到撤销登记的行政处罚被依法予以注销的情形。

二、司法鉴定退出机制的实践运行

2021年12月28日,《司法鉴定机构和司法鉴定人退出管理办法(试行)》发布并施行,一定程度上解决了长期以来司法

[①] 参见郭华:《司法鉴定制度改革与审视》,知识产权出版社2022年版,第51页。

鉴定领域"有进无出"的问题，为司法鉴定全流程动态化监管提供了专门的制度依据。考虑到司法鉴定实践中鉴定机构和鉴定人退出的问题较为复杂，需要对各类情形进行梳理、分析，以推动司法鉴定退出机制的实践运行。

基于司法鉴定主管部门的职责，司法鉴定退出管理包括依行政相对人申请作出的注销决定以及依职权主动作出的注销决定。就前者而言，原先获准进入司法鉴定领域从事鉴定业务的司法鉴定机构或司法鉴定人主动申请终止司法鉴定活动或者自愿解散、停业而触及退出机制的，情况往往并不复杂。譬如，某司法鉴定人通过国家统一法律职业资格考试后，准备转入律师行业，不再从事司法鉴定业务，遂向主管部门提出注销司法鉴定人执业证的申请。但对于后者，其所涉及的事由以及司法鉴定退出机制的运行则较为复杂。这中间既包括司法鉴定机构、司法鉴定人因严重违法违规而被处以撤销登记的行政处罚的情形，亦涵盖司法鉴定主管部门在履行监管职能时发现的司法鉴定机构、司法鉴定人应当退出的情形。就撤销登记的事由而言，其涉及司法鉴定违法执业的责任追究问题，下节将对此专门予以分析、研究。

《决定》《司法鉴定机构登记管理办法》《司法鉴定人登记管理办法》《环境损害司法鉴定机构登记评审办法》《环境损害司法鉴定机构登记评审细则》《法医类　物证类　声像资料司法鉴定机构登记评审细则》等皆涉及司法鉴定机构和司法鉴定人

的准入条件。法人、非法人组织以及自然人满足准入条件,经审核登记准许进入司法鉴定这一特定行业后,司法鉴定机构、司法鉴定人在执业活动中亦有可能因各类主客观因素而不再符合准入条件。不再具备专业能力的司法鉴定机构、司法鉴定人如继续存在,将会对司法鉴定行业带来相应负面影响。因此,就需要司法鉴定主管部门通过全流程动态监管,主动发现司法鉴定机构、司法鉴定人因登记事项发生变化而应当退出的情形。实践中,可以借助定期或不定期检查、"双随机一公开"、鉴定质量评查等方式来进行动态监管。必要时,可借助司法鉴定行业协会的专业优势,通过司法鉴定行政管理与行业管理结合的模式,邀请行业权威专家对行业内存量司法鉴定机构、司法鉴定人进行专业评估,以判断其是否持续保有必要的专业水平和执业能力。

三、落实"一票否决"模式的淘汰机制

"打官司就是打证据,打证据就是打鉴定。"前述提法中的"打证据就是打鉴定"虽稍显绝对,但在一定程度上已说明司法鉴定在诉讼实践以及人民群众心目中的重要性。一旦发生违规鉴定甚至虚假鉴定等问题,不仅影响司法鉴定所涉诉讼案件的裁判结果,更会严重侵蚀司法鉴定在整个社会和人民群众中的公信力。针对违规鉴定、虚假鉴定等问题,必须通过相应制度建设来消除负面影响,净化司法鉴定行业环境。具体而言,即需要借助司法鉴定退出与淘汰机制,对出现严重负面问题的司法鉴

定机构、司法鉴定人予以"一票否决"式的淘汰。通过"一票否决"这把悬在司法鉴定从业者头顶的"达摩克利斯之剑",倒逼其在司法鉴定执业活动中的底线思维和红线意识。一旦突破红线,旋即触发"一票否决"机制,并进一步追究相应法律责任。

近年来,广东、天津等地发生了数起虚假亲子关系鉴定案和虚假血液乙醇浓度鉴定案。虚假亲子关系鉴定案中,涉案司法鉴定机构与中介"黄牛"勾连,在未安排司法鉴定人提取检材,未审查核实委托人、被鉴定人身份信息以及鉴定材料的真实性、合法性的前提下,仅凭快递方式获取鉴定材料即受理鉴定申请,无受理审核程序即出具虚假的具有亲子关系的鉴定意见,①导致鉴定意见与客观事实不符,亲子关系被错误认定的严重后果,引发人民群众对司法鉴定公信力的强烈质疑,造成极其恶劣的社会影响,情节严重。虚假血液乙醇浓度鉴定案中,涉案司法鉴定机构和司法鉴定人采取粘贴、复印方式套用他人图谱,篡改检验数据,替换符合技术规范的鉴定谱图,篡改定量结果等违规行为,出具虚假的血液乙醇浓度鉴定意见。② 血液中的乙醇浓度

---

① 参见广东省司法厅粤司鉴罚决字〔2020〕22号行政处罚决定书,载广东省司法厅网站2020年12月29日,http://sft.gd.gov.cn/gkmlpt/content/3/3162/post_3162025.html#1182;广东省司法厅粤司鉴罚决字〔2022〕5号行政处罚决定书,载广东省司法厅网站2022年8月8日,http://sft.gd.gov.cn/gkmlpt/content/3/3989/post_3989836.html#1182。

② 参见广东省司法厅粤司鉴罚决字〔2022〕20号行政处罚决定书,载广东省司法厅网站2023年4月23日,http://sft.gd.gov.cn/gkmlpt/content/4/4168/post_4168564.html#1182。

是公安机关进行交通执法活动的重要依据,关系当事人是否会受到行政处罚,亦是法院认定是否构成犯罪的核心标准,鉴定意见因此成为一些人妄图逃避法律制裁的突破口。血液乙醇浓度数据一旦被篡改,不仅会影响办案机关正常的案件办理,而且会导致原本应当受到处罚的当事人逃脱相应处罚,造成严重后果。这些虚假鉴定的滋生,不仅对行政管理、执法以及司法裁判造成了极为恶劣的影响,更严重破坏了司法鉴定的社会公信力。面对司法鉴定机构、司法鉴定人触及红线的严重违规问题,应通过司法鉴定退出制度的建构与完善,落实"一票否决"模式的淘汰机制,在清理违法违规问题的同时,进一步净化司法鉴定行业发展的环境。

第四节 司法鉴定违法执业的追究与严惩

对司法鉴定机构和司法鉴定人的违法行为进行处罚,是确保司法鉴定公正性的重要手段。[①] 针对司法鉴定执业活动中的违法违规行为,司法鉴定行政管理部门应当加强监督管理,司法鉴定行业协会则应加强自律管理,以提高监督管理总体效能。对"关系鉴定""人情鉴定""金钱鉴定"或者严重损害司法鉴定

---

① 参见徐卉:《司法鉴定与诉讼公正——本土经验与国际视野》,中国政法大学出版社2017年版,第203页。

行业形象和公信力的行为,要坚决追究责任、严肃处理。①

一、司法鉴定违法执业追究的实践

近年来,为治理司法鉴定领域中的乱象,司法鉴定主管部门通过处罚、处分等方式,对司法鉴定违法违规问题进行了相应处理和追究。2021年1月至2024年4月,某市司法行政部门共作出司法鉴定行政处罚21件。其中,2021年度某市作出司法鉴定行政处罚13件,处罚司法鉴定机构4家,处罚司法鉴定人9人。违法违规情形包括:违反司法鉴定程序2件,违反技术规范5件,同时违反司法鉴定程序和收费管理规定1件,违反司法鉴定机构管理规定3件,虚假鉴定2件。13件司法鉴定行政处罚中,含警告7件、撤销登记6件。2022年度某市无司法鉴定行政处罚案件。2023年度某市作出司法鉴定行政处罚5件,均为对司法鉴定人违法违规的处罚。违法违规情形皆为违反司法鉴定程序、标准进行鉴定。5件司法鉴定行政处罚中,含警告3件、停止从事司法鉴定业务2件。2024年1月至4月,某市作出司法鉴定行政处罚3件,处罚司法鉴定机构1家,处罚司法鉴定人2人。违法违规情形包括:违反司法鉴定程序1件,违反技术规范2件。3件司法鉴定行政处罚中,含警告并没收违法所得1件、警告2件。

---

① 参见郑智辉、向安平:《全面提升司法鉴定质量和社会公信力》,载《中国司法》2018年第6期。

2021年1月至2024年4月,某市司法鉴定协会共作出司法鉴定行业惩戒30件。其中,2021年度某市作出司法鉴定行业惩戒8件,惩戒司法鉴定机构1家(该机构被惩戒2次),惩戒司法鉴定人5人(1人被惩戒2次)。8件司法鉴定行业惩戒中,含训诫2件、警告2件、责令限期改正并作出书面检查1件、公开谴责3件。2022年度某市无司法鉴定行业惩戒案件。2023年度某市作出司法鉴定行业惩戒18件,惩戒司法鉴定机构5家,惩戒司法鉴定人13人。18件司法鉴定行业惩戒中,含警告11件、通报批评5件、公开谴责2件。2024年1月至4月,某市作出司法鉴定行业惩戒4件,均为对司法鉴定人违规违纪的惩戒,惩戒处分皆为警告。

二、司法鉴定违法追究的制度优化

司法鉴定违法执业问题的发现和调查线索,一定程度上来源于当事人和利害关系人的投诉。《司法鉴定执业活动投诉处理办法》对司法鉴定执业活动投诉处理工作也专门予以规范。鉴于《决定》规定了"两级管理"模式①,较长一段时间内,部分省(自治区、直辖市)的司法鉴定投诉皆由省级司法行政部门集中办理。这就导致省级司法行政部门的工作重心都在投诉处理

---

① 《决定》第3条规定:"国务院司法行政部门主管全国鉴定人和鉴定机构的登记管理工作。省级人民政府司法行政部门依照本决定的规定,负责对鉴定人和鉴定机构的登记、名册编制和公告。"

上,而无暇健全管理制度等。针对前述情形,需在具体落实司法鉴定分级管理制度的基础上,进一步推动管理力量向第一线下沉,明确由属地的基层司法行政部门负责本行政区域内司法鉴定机构、司法鉴定人及其司法鉴定活动的日常监督管理与投诉办理。

司法鉴定实践中,大量投诉案件涉及的司法鉴定意见已经被人民法院生效裁判所采纳、采信。若对此类投诉案件进行调查、处理,即有可能引发行政权干预司法权的问题,亦会对司法权威带来负面影响。为切实维护司法权威和公信力,若投诉事项所涉司法鉴定意见已被审判机关生效法律文书采纳,司法行政部门、行业主管部门不予受理该投诉事项。一方面,这可以引导当事人在诉讼活动中通过恰当的方式及时对鉴定事项涉及的问题提出异议,以维护自身权益;同时也可有效节约有限的行政管理资源。另一方面,可以切实维护已生效的裁判结果,保障司法权威。

根据《决定》,法医类、物证类、声像资料和环境损害司法鉴定,由司法行政部门予以登记管理。根据"谁许可,谁负责;谁登记,谁管理"的原则,司法行政部门负责对司法鉴定机构、司法鉴定人的审核登记,亦须对司法鉴定机构、司法鉴定人的鉴定业务和执业活动进行监督管理。加强对于违法行为的行政处罚,本身就是保障和监督行政机关有效实施行政管理,维护公共利益和社会秩序,保护公民、法人或者非法人组织的合法权益的方式之一。现行立法对于司法鉴定及其罚则的规定,主要针对诉讼案件中的鉴定活动。但实践中,司法行政部门收到的投诉中有大量针对诉讼活动之外的鉴定业务的投诉。司法行政部门经过调查,若发现司法鉴定机构、司法鉴定人从事的诉讼活动之外的鉴定业务存在违法之处,同样需要进行行政处罚,实现对非诉鉴定的监管全覆盖。

从上文对司法鉴定处罚处分的统计数据来看,司法鉴定行业的违法违规问题,有相当一部分系违反《司法鉴定程序通则》的相关规定。但《决定》并未明确将部门规章作为处罚依据,这就使得较长一段时间内针对违反程序规范的行为的处罚往往受到缺乏上位法依据的困扰。[①] 如何通过立法来弥补《决定》的缺漏,就成了实践中亟须解决的一项问题。在此方面,2020年5月1日起正式实施的《上海市司法鉴定管理条例》这一地方立法已提供了相应范式和借鉴。该管理条例第48条第2项、第49条第4项将违反司法鉴定程序的情形明确为进行处罚的法

[①] 《决定》第12条规定:"鉴定人和鉴定机构从事司法鉴定业务,应当遵守法律、法规,遵守职业道德和职业纪律,尊重科学,遵守技术操作规范。"其对于鉴定人和鉴定机构从事司法鉴定业务,是否应当遵守规章未作出专门明确。这就使得较长一段时间内,对于违反《司法鉴定程序通则》这一部门规章的行为是否能予以处罚的问题,实践中存在一定困惑。

定事由,①以法规形式明确了处罚依据,加大了对司法鉴定活动程序合法性的监督力度。该管理条例在弥补《决定》立法缺漏的同时,进一步优化了投诉处理工作的可操作性,丰富了司法行政部门对司法鉴定程序违法行为进行处罚的法律依据,完善了以程序违法情形作为司法鉴定处罚事由的法律路径,使司法行政部门实施处罚有法可依。

作为司法鉴定领域中的"基本法",《决定》全文共 18 条,对司法鉴定相关事项作出了原则性规定,其自 2005 年施行以来,仅在 2015 年因"放管服"改革,将收费标准与收费项目的制定部门由国家司法行政部门下放至省级司法行政部门,其他方面并未作大的修改。诚然,各省市根据区域内的具体情况对司法鉴定管理开展了部分制度创新,使得管理制度更加具体化、科学化,但这些创新也只是"戴着镣铐跳舞",仍难以突破上位法缺失带来的客观限制。《决定》在立法层面仅是全国人大及其常委会制定的"有关法律问题和重大问题的决定"。就其性质而言,《决定》并非严格意义上的法律,将其内容法律化是司法鉴定行业规范发展的必经之路。

2017 年 10 月,中办、国办印发《实施意见》,该意见再次强

---

① 《上海市司法鉴定管理条例》第 48 条规定:"司法鉴定机构有下列情形之一的,由市司法行政部门责令改正,没收违法所得,并处以警告……(二)授意或者放任司法鉴定人违反司法鉴定程序、标准进行鉴定的……"第 49 条规定:"司法鉴定人有下列情形之一的,由市司法行政部门责令改正,没收违法所得,并处以警告……(四)违反司法鉴定程序、标准进行鉴定的……"

调建立统一的司法鉴定管理体制的重要性和必要性,为不断深入推进我国统一司法鉴定管理体制改革指明了方向、明晰了目标、规划了路径、提供了遵循。① 统一司法鉴定管理体制需要体系化的配套法律予以调整和规范。但当前司法行政部门由于缺乏足够的司法鉴定法律依据,依赖上级部门规范性文件进行管理的现象较为突出。在需要"动真碰硬"时,往往因为规范性文件效力太低而导致管理"卡壳"。实践中,司法行政部门在办理司法鉴定机构、司法鉴定人评审以及退出等工作时均因此而遇到了法律难题。因此,需要通过相应立法,将规范性文件规定的有关事项加以升格,制定专门的法律法规,以完善司法鉴定违法执业追究的法律依据。

---

① 参见万筱泓、陈邦达:《以立法巩固和深化司法鉴定改革成果》,载《中国司法鉴定》2022 年第 6 期。

第六章 "四类外"司法鉴定管理的完善与优化

第一节 "四类外"司法鉴定基本情况

从学理角度来看,对于诉讼活动中所涉专门性问题的检验、鉴别和判断,皆属于司法鉴定的范畴。"几大类"和"几类外"司法鉴定的划分,最初可追溯至 2005 年《决定》的颁布与实施。2005 年至 2015 年,业界习惯称"三大类"和"三类外"司法鉴定。[①] "四大类"和"四类外"司法鉴定的划分和提法,则

[①] 《决定》第 2 条规定,国家对从事法医类、物证类、声像资料司法鉴定业务的鉴定人和鉴定机构实行登记管理制度。因此,业界曾将前述三类鉴定称为"三大类"司法鉴定,而将这三类鉴定以外的其他类别的鉴定统称为"三类外"司法鉴定。

始于 2016 年 1 月立法对司法鉴定机构和司法鉴定人登记管理的调整。《决定》和最高人民法院、最高人民检察院、司法部《关于将环境损害司法鉴定纳入统一登记管理范围的通知》明确司法行政部门实行登记管理制度的司法鉴定业务范围为法医类鉴定、物证类鉴定、声像资料鉴定和环境损害鉴定。前述四项鉴定种类亦被业界称为"四大类"司法鉴定。除此之外的其他司法鉴定业务,则统称为"四类外"司法鉴定。但相较于当前已相对成熟的"四大类"司法鉴定,"四类外"司法鉴定无论是在实务操作还是在管理规范等方面都存在诸多缺漏,很大程度上影响了"四类外"司法鉴定的健康运行。

社会经济不断发展的同时,各类新型社会矛盾也随之出现。与之相对应的,即知识产权、海事海损、建筑工程等方面的诉讼案件数量增幅显著。社会的发展与科技的进步令当前司法实践中越来越多的诉讼案件涉及科学技术与专门性问题。这些法律事实单靠逻辑推理和经验判断是无法确定的,必须依靠科学技术与专门知识。[①] 近年来,知识产权法院、金融法院、海事法院等专门法院的诉讼活动中,多涉及会计审计、建筑工程、知识产权、海事赔偿等专门性问题,亟须"四类外"司法鉴定的科学技术支撑和专业判断。

2018 年司法部办公厅《关于严格依法做好司法鉴定人和司

[①] 参见杜志淳、丁笑梅:《国外法律人才培养模式述评》,载《华东政法大学学报》2011 年第 3 期。

法鉴定机构登记工作的通知》规定："对于没有法律依据，拟申请从事'四类外'司法鉴定业务的有关人员、法人和其他组织，司法行政机关一律不予准入登记。""对明确属于从事'四类外'鉴定业务的鉴定人和鉴定机构，要依法坚决注销登记；对已登记的'四类外'鉴定机构中所从事的司法鉴定业务确属'四大类'鉴定事项的，要依法变更登记。"根据该文件的要求，当前司法行政部门的《国家司法鉴定人和司法鉴定机构名册》中已不再登记"四类外"司法鉴定机构和司法鉴定人。同时，"四类外"司法鉴定涉及的行业、专业又较为分散且复杂，为了较为全面且客观地统计、分析"四类外"司法鉴定的基本情况，首先就需要获得较具代表意义的研究样本。考虑到各项"四类外"司法鉴定业务并无统一的行业主管部门，且其各自所在行业的主管部门和行业组织等亦非专门从事司法鉴定管理，在专门性管理层面相对薄弱。但长期以来，"四类外"司法鉴定机构为了更好地开展鉴定业务，促进机构发展，规避行业风险，往往选择加入所在地的司法鉴定行业协会，以司法鉴定协会会员的身份来接受行业管理。这就使得司法鉴定行业协会中的"四类外"司法鉴定机构会员不仅有一定数量，且其涉及的专业领域等也较为丰富、全面。因此，笔者尝试选择司法鉴定行业协会中的"四类外"司法鉴定机构会员作为研究基础，以期深化相关认识。

以上海市司法鉴定协会为例，其所属会员单位中有30家为

"四类外"司法鉴定机构。其中,知识产权司法鉴定机构 5 家,占比 17%;建筑工程造价鉴定机构 6 家,占比 20%;建筑工程质量鉴定机构 10 家,占比 33%;司法会计鉴定机构 9 家,占比 30%(见表 6-1)。

表 6-1 上海市司法鉴定协会"四类外"司法鉴定机构概况

司法鉴定业务范围	鉴定机构名称	现有鉴定人数量/人	机构数量/家
知识产权司法鉴定	上海市知识产权服务中心	23	5
	上海硅知识产权交易中心有限公司司法鉴定所	9	
	上海汉光知识产权数据科技有限公司	3	
	上海市科技咨询服务中心知识产权司法鉴定所	16	
	上海公信扬知识产权司法鉴定所	18	
建筑工程造价鉴定	上海大华工程造价咨询有限公司	27	6
	万隆建设工程咨询集团有限公司	19	
	上海沪港建设咨询有限公司	11	
	上海公信中南工程造价咨询有限公司	10	
	上海中世建设咨询有限公司	27	
	上海东方投资监理有限公司	78	

续表

司法鉴定业务范围	鉴定机构名称	现有鉴定人数量/人	机构数量/家
建筑工程质量鉴定	上海众材工程检测有限公司	11	10
	上海宝冶工程技术有限公司	23	
	上海房屋质量检测站	22	
	上海源正科技有限责任公司	12	
	上海建科检验有限公司	30	
	上海市建筑科学研究院房屋质量检测站	18	
	上海市房屋建筑设计院有限公司	28	
	上海同测质量检测技术有限公司	8	
	上海勘察设计研究院(集团)有限公司	11	
	上海同标质量检测技术有限公司	4	
司法会计鉴定	上海复兴明方会计师事务所有限公司	18	9
	上海公信会计事务所	42	
	上海沪港金茂会计事务所有限公司	23	
	众华会计师事务所(特殊普通合伙)	13	
	上海司法会计中心有限公司	28	
	上海求是会计师事务所有限公司	10	
	上海中贞会计事务所有限公司	5	
	上海上咨会计师事务所有限公司		
	上海华皓会计师事务所		
合计		547	30

中办、国办《实施意见》为司法鉴定管理改革指明了方向。

鉴于立法明确法医类、物证类、声像资料和环境损害司法鉴定由国务院司法行政部门主管,其通过顶层设计推进了"四大类"司法鉴定的统一管理体制。但相较而言,"四类外"司法鉴定管理中尚存在制度不完善、政策不配套等问题。譬如,就相关"四类外"司法鉴定机构加入的司法鉴定协会而言,有关其行业管理职能的规定,可追溯至 2004 年年底中共中央转发的《中央司法体制改革领导小组关于司法体制和工作机制改革的初步意见》(中央 21 号文件)。该文件要求建立统一的司法鉴定管理体制,实行行政管理和行业管理相结合的制度。[①] 根据这一政策精神,2005 年《司法鉴定机构登记管理办法》以部门规章形式明确:"司法鉴定管理实行行政管理与行业管理相结合的管理制度……司法鉴定行业协会依法进行自律管理。"[②]但是,按照现行立法对于司法行政部门的司法鉴定业务登记管理权限的规定,上述两个登记管理办法作出的有关行业管理的规定的效力也仅限于"四大类"司法鉴定。当前,各省(自治区、直辖市)相继制定、施行的司法鉴定地方立法,虽也有对司法鉴定行业管理的规定,但由于绝大部分司法鉴定地方立法调整的也仅为"四大类"司法鉴定,其对于司法鉴定行业管理的规定的效力也难以辐射"四类外"司法鉴定。即便是基于"活动全覆盖,对象分

[①] 参见郭华:《司法鉴定制度改革的十五年历程回顾与省察》,载《中国司法鉴定》2020 年第 5 期。

[②] 《司法鉴定机构登记办理办法》第 4 条。

类管"原则制定的《上海市司法鉴定管理条例》将"四大类"和"四类外"司法鉴定皆纳入调整范畴,但其就鉴定机构、鉴定人加入司法鉴定行业协会方面的条文,尚使用了"鼓励加入"的表述。[①] 此外,根据前述统计数据,上海市司法鉴定协会"四类外"司法鉴定机构会员涉及的业务领域,并未涵盖诉讼案件中常见的鉴定类别,诸如从事产品质量司法鉴定、海事司法鉴定等的专业机构,均未在司法鉴定协会会员范围之中。从事知识产权司法鉴定、建筑工程造价鉴定、建筑工程质量鉴定、司法会计鉴定等的专业机构中,亦有部分机构未加入司法鉴定协会。

这些现实问题,不仅制约了"四类外"司法鉴定机构的良性发展,亦削弱了其在诉讼实践中对于查明案件事实的司法保障效能。"四类外"司法鉴定管理的完善与优化,对健全统一的司法鉴定管理体制,适应以审判为中心的诉讼制度改革,推动司法鉴定工作步入规范化、法治化、科学化的发展轨道,皆具有极为重要的意义。

[①] 《上海市司法鉴定管理条例》第 43 条第 1 款规定:"司法鉴定管理实行行政管理和行业自律管理相结合。"第 4 款规定:"鼓励鉴定机构、鉴定人加入市司法鉴定协会。"

第二节 "四类外"司法鉴定管理的难点

当前"四类外"司法鉴定管理的难点主要集中在以下方面。

一、鉴定管理难以适应司法需求

"四大类"司法鉴定的提法,源自 2016 年最高人民法院、最高人民检察院、司法部《关于将环境损害司法鉴定纳入统一登记管理范围的通知》的规定。在此之前,业界将《决定》第 2 条第 1 款第 1 项至第 3 项规定的法医类鉴定、物证类鉴定和声像资料鉴定纳入司法鉴定统一管理的范围,统称为"三大类"司法鉴定。"三大类"[①]仅仅局限于传统的司法鉴定领域,诉讼实践中涉及专门性问题的鉴定事项多达 100 余种,远远超出了这一范围,而每一种又包括一些具体项目,并且随着司法实践的发展,鉴定的事项会越来越多。[②] 客观而言,法医类、物证类和声像资料鉴定等传统司法鉴定,加上环境损害司法鉴定,其能解决的问题在诉讼涉及的专门性问题中,所占比例有限。除此之外的产品质量鉴定、司法会计鉴定、资产评估鉴定、房地产

[①] 《决定》以法律形式确立了司法鉴定管理体制的框架,赋予司法行政部门对法医类鉴定、物证类鉴定、声像资料鉴定和经国务院司法行政部门商最高人民法院、最高人民检察院确定的其他鉴定事项的登记管理职能。

[②] 参见孙业群:《司法鉴定业务范围探究》,载《中国司法鉴定》2005 年第 4 期。

评估鉴定、建筑工程鉴定、知识产权鉴定、海事海损鉴定、安全生产检测检验鉴定、价格类鉴定、文物类鉴定、涉农类鉴定、动植物鉴定等"四类外"司法鉴定在诉讼中往往有着较大的现实需求。

然而,"四类外"司法鉴定在司法需求与鉴定管理方面,存在现实困扰。"四类外"司法鉴定无统一的主管部门,其多由所在行业主管部门、行业协会进行管理。需要肯定的是,部分行业的管理相对成熟,有相关技术标准和技术规范,对于鉴定机构或从业人员亦有一定的准入资格要求。但其管理侧重于所在行业的专业问题,对于诉讼案件需要的司法鉴定,在管理的针对性、适配性方面尚存在不足。由于鉴定意见系法定的诉讼证据种类,一旦被采纳、采信,即有可能影响案件的最终裁判,事关当事各方的切身利益。因此,司法鉴定与各行各业的技术鉴定有着显著差异,在鉴定管理上也有着更高、更专业的要求。鉴定管理与司法需求不相适应的现实之困,已然成为"四类外"司法鉴定管理的一大痛点与难点。

二、鉴定意见使用的前端管理脱节

鉴定意见使用的背后,是对于鉴定质量的依赖。质量永远是提供服务的机构的生命线,司法鉴定机构也不例外。司法鉴定的质量直接关系诉讼中案件事实的认定,关系司法公正的实现和公民合法权益的保护。① 司法鉴定的质量需要通过科学、有序的管理活动来保障。从现代管理学的角度来看,管理实则为使特定系统(或组织、事物)达到并持续最佳状态以实现特定价值目标而进行的协调活动。②

为了充分发挥司法鉴定在审判活动中的积极作用,最高人民法院、司法部在2016年联合出台了《关于建立司法鉴定管理与使用衔接机制的意见》(司发通〔2016〕98号)。随后,各省(自治区、直辖市)亦相继出台了本行政区划范围内有关司法鉴定管理与使用衔接机制的规范性文件。③ 前述规范性文件确立的司法鉴定管理与使用衔接机制,有利于缓解司法鉴定管理与使用不衔接引发的鉴定乱象,提升鉴定质量和公信力,对推进以审判为中心的诉讼制度改革具有重大促进作用。④

司法行政部门作为司法鉴定的监督管理者,限于立法赋予其的"四大类"司法鉴定登记管理职能,司法鉴定管理与使用衔接机制所涉及的司法鉴定范畴,亦主要集中在"四大类"司法鉴定领域。作为鉴定意见审查使用者的人民法院在涉及"四类

---

① 参见杜志淳主编:《司法鉴定概论》(第3版),法律出版社2018年版,第135页。
② 参见郭金霞编著:《司法鉴定学总论》,中国政法大学出版社2019年版,第94页。
③ 以上海市为例,2017年上海市高级人民法院、上海市司法局联合出台《关于进一步完善本市司法鉴定管理与使用衔接机制的实施意见》(沪司发〔2017〕84号)。
④ 参见葛晓阳:《让司法鉴定走向规范化法制化科学化——专家解读〈关于建立司法鉴定管理与使用衔接机制的意见〉》,载《法制日报》2016年11月29日,第2版。

外"司法鉴定时,往往无法通过司法行政部门来予以沟通、对接。由于诉讼案件中的"四类外"司法鉴定是否包含在前述司法鉴定管理与使用衔接机制中尚未得以明确,实践中存在司法鉴定管理与使用的"脱节",不仅会滋生司法鉴定乱象,亦会因多头鉴定、久鉴不决等顽疾而影响审判质效和行业发展。

三、鉴定执业风险抵御能力不足

当前,我国正处于深化改革的重要时期,社会利益多元化,诉讼争议急剧增长,诉讼争议中的不满被越来越多地转移到司法鉴定中来,继而使诉讼当事人与鉴定人员、鉴定机构之间产生争议、争执,甚至冲突。这不仅直接影响司法鉴定行业的有序、健康发展,亦加剧了司法鉴定执业风险。[1]

相对于"四大类"司法鉴定,"四类外"司法鉴定的执业风险较难抵御,司法鉴定机构、司法鉴定人在承接司法鉴定业务时往往面临较大的执业风险。[2] 从事"四类外"司法鉴定的机构和人员,其主要工作内容并非为诉讼提供服务。以司法会计鉴定为例,办案机关多委托会计师事务所及注册会计师实施,但司法会

---

[1] 参见孙大明、诸宇杰:《司法鉴定执业风险识别与防控》,载《中国司法鉴定》2018年第3期。

[2] 就传统"四大类"司法鉴定而言,其主要针对诉讼中涉及的专门性问题。在不断积累的专门性工作中,司法鉴定机构和司法鉴定人已具备一定的执业风险防范能力。加之司法行政部门和司法鉴定协会等司法鉴定主管部门对于执业风险防范的重视和相应的外部监管制度建设,"四大类"司法鉴定机构和司法鉴定人执业风险抵御能力普遍优于"四类外"司法鉴定机构和司法鉴定人。

计鉴定业务不同于一般审计业务,有其特有风险。由于会计师事务所及注册会计师的工作内容多为普通会计及审计事项,对于诉讼涉及的司法鉴定的认知相对薄弱,不熟悉诉讼和司法鉴定相关的法律、法规和规章制度,容易导致其在承接司法鉴定业务时,出具超出委托范围和注册会计师专业能力的鉴定意见。"只要有需要,在涉案会计事实诉讼证明领域,司法会计鉴定是无所不能的。这类现象在实践中也是比较常见的。"[1]加之"四类外"司法鉴定机构和司法鉴定人普遍缺乏系统、全面的司法鉴定外部管理,执业风险防范机制建设较为缺位。前述内外因素的交织,共同导致"四类外"司法鉴定在执业风险抵御能力方面存在先天不足。

四、"四类外"司法鉴定异议救济途径欠畅

鉴于司法鉴定介入的多为诉讼中的争议事项,鉴定意见在较大程度上决定案件最终走向,与各方当事人的切身利益息息相关。这就使得当事人一旦面对不利于自身的鉴定意见,即有可能对其进行投诉和提出异议。当事人就司法鉴定执业活动进行投诉的合法权利应当依法予以保障和维护。

当前,有关司法鉴定投诉的规定,主要是 2019 年 6 月 1 日起施行的《司法鉴定执业活动投诉处理办法》。但根据该办法

---

[1] 参见杨为忠:《司法会计鉴定简明读本》,同济大学出版社 2014 年版,第 13 页。

第 2 条之规定①,其调整对象仅限于司法行政部门审核登记的司法鉴定机构或者司法鉴定人,即"四大类"司法鉴定。针对"四类外"司法鉴定的投诉虽也可以向相关行业主管部门提出,但司法业务以及司法鉴定有其特殊性,且目前尚未有专门、统一的执业投诉方面的规定。在此背景下,缺乏有效的鉴定异议途径以及救济权利缺失带来的现实窘境,令当事人和利害关系人难以依法提出鉴定异议,亦有可能进一步加剧当事人对于司法鉴定的不信任感,更有甚者,还会影响社会稳定。

第三节 "四类外"司法鉴定管理的优化路径

在"四类外"司法鉴定管理方面,2020 年正式施行的上海市首部关于司法鉴定的地方性法规——《上海市司法鉴定管理条例》给出了相应范式。该管理条例创造性地提出了"活动全覆盖,对象分类管"的原则,将所有从事司法鉴定活动的机构和人员均纳入该管理条例的调整范围,为"四类外"司法鉴定的管理提供了制度化指引。本节结合前期理论梳理和调研分析情况,在"四类外"司法鉴定的管理现状和管理痛点难点的基础上,结

---

① 《司法鉴定执业活动投诉处理办法》第 2 条规定:"投诉人对司法行政机关审核登记的司法鉴定机构或者司法鉴定人执业活动进行投诉,以及司法行政机关开展司法鉴定执业活动投诉处理工作,适用本办法。"

合该管理条例的规定和相关制度构建思路,提出优化"四类外"司法鉴定管理路径的建议。

一、深化"活动全覆盖,对象分类管"管理模式

诉讼活动中涉及的专门性问题鉴定,并不仅仅涉及法医类、物证类、声像资料、环境损害司法鉴定,尚有大量的"四类外"司法鉴定。基于保证司法鉴定质量与公信力的考量,对"四类外"司法鉴定机构、司法鉴定人同样需要予以有效管理。① 就地方专项立法可否拓展、能否将"四类外"鉴定机构、鉴定人也纳入管理范围等问题而言,对诉讼涉及的专门性问题进行鉴别判断的"四类外"鉴定活动本质上也属于司法鉴定活动,由司法鉴定管理专项立法予以规范当属应有之义。

相较于一些司法鉴定地方立法多围绕"四大类"司法鉴定进行管理设计,《上海市司法鉴定管理条例》已然在"四类外"司法鉴定管理立法上迈出了关键一步。可在已有司法鉴定管理实践的基础上,进一步深化《上海市司法鉴定管理条例》确立的"活动全覆盖,对象分类管"模式。建议按照"成熟一批,规范一批"的原则,根据以下标准对各类"四类外"司法鉴定分别予以梳理和考量:第一,在司法实践中经常运用的;第二,现有行业管理相对成熟,且具有相关技术标准、技术规范,有专业机构或专

---

① 参见沈臻懿、杨琳彦:《立法直击行业痛点与要点》,载《检察风云》2019 年第 15 期。

业人员准入资格要求的;第三,已纳入人民法院对外委托鉴定名录的。满足前述三项标准的"四类外"司法鉴定业务,建议对其实行规范化、法治化、常态化管理。在具体制度设计上,可参考《上海市司法鉴定管理条例》第4条[①]、第7条[②]等规定,由司法行政部门作为组织协调单位来牵头、协调涉及"四类外"司法鉴定的相关行业主管部门,共同实现对于"四类外"司法鉴定的规范化、法治化、常态化管理。同时,可在相关法律、法规的框架内,制定、完善涉及"四类外"司法鉴定管理的细则、办法,进而落实"活动全覆盖,对象分类管"的司法鉴定管理原则。

二、发挥司法鉴定协会在"四类外"司法鉴定中的行业管理优势

司法鉴定实质上是一种法律规制下的科学实证活动,对其所进行的管理属于系统工程的范畴。若仅仅依靠国家的行政管理,很难达到理想的效果。就"小政府、大社会"的理念而言,政

[①] 《上海市司法鉴定管理条例》第4条规定:"本市依照法律、行政法规,对不同类型、类别鉴定机构、鉴定人实行分类管理。对从事法医类、物证类、声像资料、环境损害以及由国务院司法行政部门商最高人民法院、最高人民检察院确定的司法鉴定业务的鉴定机构、鉴定人(以下称司法鉴定机构、司法鉴定人)实行登记管理。对前款规定以外从事其他司法鉴定业务的鉴定机构、鉴定人(以下称其他鉴定机构、其他鉴定人),依照相关法律、行政法规进行管理。"

[②] 《上海市司法鉴定管理条例》第7条规定:"本市建立司法鉴定工作衔接协调机制。市司法行政部门应当做好相关组织协调工作;市、区司法行政部门应当加强与办理诉讼案件的监察机关和侦查机关、检察机关、审判机关(以下统称办案机关)以及相关行业主管部门的沟通协调,开展信息交流和情况通报,规范和保障司法鉴定活动。"

府所扮演的是"守夜人"的角色。政府在司法鉴定管理中履行指导、管理和监督、检查等宏观职能。"四类外"司法鉴定所涉相关行业主管部门均为行政机关。面对纷繁复杂的各类专门性问题和鉴定技术性问题,行政机关要想进行全方位的直接管理,其难度可想而知。为了弥补这一不足,建议将某些事项交由专业组织进行管理。诚然,在"四类外"司法鉴定涉及的相关行业中,亦存在行业协会组织,但其自律管理的重心与焦点并非司法鉴定领域。将前述领域作为自律管理的重心与焦点的行业协会组织,当属司法鉴定协会,其把握司法鉴定活动规律的能力较强。司法鉴定行业协会为促进行业发展,规范行业秩序,实现对司法鉴定的专业化管理发挥了积极作用,行业管理已成为司法鉴定管理中不可或缺的支柱之一。[①]

以上海市司法鉴定协会为例,该协会自2010年6月4日成立以来,充分发挥了其作为司法鉴定机构和司法鉴定人联合会的专业优势,使司法鉴定管理更为顺畅有序。作为司法鉴定机构和司法鉴定人的自律性社团组织,司法鉴定协会参与司法鉴定的管理,可以发挥其科学性强、专业水平高的优势,同时也能调动司法鉴定机构和司法鉴定人的积极性。长期以来,有关司法鉴定行业管理的立法仅见于《司法鉴定机构登记管理办法》《司法鉴定人登记管理办法》中的"两结合"(行政管理与行业管

[①] 参见陈维娜:《我国司法鉴定行业管理刍议——以行业协会为视角》,载《中国司法鉴定》2018年第1期。

理相结合)管理制度规定,这也使得司法鉴定协会的工作机制与管理职能在立法层面尚不甚清晰。值得肯定的是,《上海市司法鉴定管理条例》对于司法鉴定行业自律管理的法规依据亦存在值得借鉴之处。《上海市司法鉴定管理条例》规定司法鉴定协会可以通过公共法律服务平台发布其他鉴定机构、其他鉴定人的主体信息、从事司法鉴定业务信息;[1]鼓励鉴定机构、鉴定人加入市司法鉴定协会。[2] 因此,在《上海市司法鉴定管理条例》的规定的基础上,应充分发挥司法鉴定协会在"四类外"司法鉴定中的行业管理优势。就上海市而言,即便其司法鉴定协会中已有"四类外"司法鉴定单位会员 30 家,但仍有部分鉴定机构和鉴定人未加入司法鉴定协会。就"四类外"司法鉴定规范管理角度而言,应鼓励从事"四类外"司法鉴定的鉴定机构和鉴定人都加入司法鉴定协会。这样不仅有利于发挥司法鉴定协会在"四类外"司法鉴定中的行业管理优势,亦能通过司法鉴定协会这一行业组织平台,最大限度地减少并规避"四类外"司法鉴定的潜在执业风险,为从事"四类外"司法鉴定业务的鉴定机构和鉴定人提供良好的执业环境。

---

[1] 《上海市司法鉴定管理条例》第 19 条第 2 款规定:"其他行业主管部门以及市司法鉴定协会等行业协会可以通过公共法律服务平台发布其他鉴定机构、其他鉴定人的主体信息、从事司法鉴定业务信息。"

[2] 《上海市司法鉴定管理条例》第 43 条第 4 款规定:"鼓励鉴定机构、鉴定人加入市司法鉴定协会。"

三、健全"四类外"司法鉴定管理与使用的衔接运行机制

司法鉴定乱象滋生的原因之一,即司法鉴定管理者和使用者之间缺乏统一、规范的沟通协调。司法鉴定管理与使用衔接机制的运行可以对实践中存在的问题对症下药,从而构建顺畅的沟通协调机制,并消解司法鉴定管理与使用中的信息壁垒。对此,全国和地方层面均已就司法鉴定管理与使用衔接机制的建立和完善提出了具体要求。司法鉴定管理与使用衔接机制的构建与运行,在强化沟通协作、完善规范工作程序,落实保障监督、明确出庭作证权责,严惩违法违规行为、确保鉴定秩序等方面具有重要的意义。不过,对于"四类外"司法鉴定仍然存在司法鉴定管理与使用脱节的现实之困。

考虑到"四类外"司法鉴定涉及的行业领域较多,行业主管部门亦较多,如果由其分别与作为鉴定意见审查使用方的人民法院衔接,无形中将大大增加管理与使用的协调条线,不利于沟通协调机制的高效、便捷运行。基于此,可根据"四类外"司法鉴定的实际情况,依托司法鉴定行业协会,进一步健全"四类外"司法鉴定管理与使用的衔接运行机制。在具体制度设计上,可利用司法鉴定协会作为司法鉴定行业组织的行业管理优势,在相关"四类外"司法鉴定机构和司法鉴定人加入司法鉴定行业协会并成为协会会员的基础上,由司法鉴定行业协会作为统一的行业管理主体,来对接"四类外"司法鉴定的用管衔接机

制。若在沟通协调过程中涉及行政管理的内容,亦可由司法鉴定行业协会与拥有行政管理权的相关行业主管部门进行对接,共同推进"四类外"司法鉴定行业的健康有序运行。

参考文献

一、著作类

1. 全国人大常委会法制工作委员会刑法室编著:《全国人民代表大会常务委员会关于司法鉴定管理问题的决定释义》,法律出版社2005年版。

2. 张军主编:《中国司法鉴定制度改革与完善研究》,中国政法大学出版社2008年版。

3. 王敏远、郭华:《司法鉴定与司法公正研究》,知识产权出版社2009年版。

4. 霍宪丹主编:《司法鉴定学》,中国政法大学出版社2010年版。

5. [美]本杰明·N.卡多佐:《法律的成长 法律科学的悖论》,董炯、彭冰译,中国法治出版社2002年版。

6. [美]米尔建·R.达马斯卡:《漂移的

证据法》,李学军等译,中国政法大学出版社2003年版。

7.[英]戴维·M.沃克:《牛津法律大辞典》,邓正来等译,光明日报出版社1988年版。

8.郭金霞:《鉴定结论适用中的问题与对策研究》,中国政法大学出版社2009年版。

9.拜荣静、王世凡:《司法鉴定程序法律问题研究》,中国社会科学出版社2010年版。

10.陈光中主编:《证据法学》(修订版),法律出版社2013年版。

11.朱富美:《科学鉴定与刑事侦查》,中国民主法制出版社2006年版。

12.张华:《司法鉴定若干问题实务研究》,知识产权出版社2009年版。

13.[日]谷口安平:《程序的正义与诉讼》(增补本),王亚新、刘荣军译,中国政法大学出版社2002年版。

14.徐景和编著:《司法鉴定制度改革探索》,中国检察出版社2006年版。

15.霍宪丹主编:《司法鉴定管理概论》,法律出版社2014年版。

16.霍宪丹主编:《司法鉴定统一管理机制研究》,法律出版社2017年版。

17.郭金霞编著:《司法鉴定学总论》,中国政法大学出版社

2019年版。

18. 杜志淳主编:《司法鉴定概论》(第3版),法律出版社2018年版。

19. 杜志淳等:《司法鉴定法立法研究》,法律出版社2011年版。

20. 中国社会科学院语言研究所词典编辑室编:《现代汉语词典》(第6版),商务印书馆2012年版。

21. 霍宪丹主编:《司法鉴定管理模式比较研究》,中国政法大学出版社2014年版。

22. 郭华:《司法鉴定制度改革与审视》,知识产权出版社2022年版。

23. 徐卉等:《司法鉴定与诉讼公正——本土经验与国际视野》,中国政法大学出版社2017年版。

24. 杨为忠:《司法会计鉴定简明读本》,同济大学出版社2014年版。

二、论文、报刊类

1. 王敏远、郭华:《我国司法鉴定体制改革的检视与评价——〈关于司法鉴定管理问题的决定〉实施三年来的情况分析与评价》,载《中国司法》2008年第12期。

2. 邓甲明、刘少文:《纪念〈关于司法鉴定管理问题的决定〉实施十周年司法鉴定工作回顾及展望》,载《中国法律(中英文版)》2015年第5期。

3. 杜志淳:《刑诉法修改与司法鉴定》,载《法制日报》2011年8月31日,第10版。

4. 郭华:《司法场域的鉴定管理权争夺与厮杀——以人大常委会〈关于司法鉴定管理问题的决定〉为中心》,载《华东政法学院学报》2005年第5期。

5. 刘飏:《推进司法鉴定制度改革创新》,载《中国司法》2001年第10期。

6. 纪念:《浅析〈全国人大常委会关于司法鉴定管理问题的决定〉的立法缺憾》,载《中国司法鉴定》2006年第2期。

7. 常林:《谁是司法鉴定的"守门人"?——〈关于司法鉴定管理问题的决定〉实施五周年成效评析》,载《证据科学》2010年第5期。

8. 陈君武:《司法鉴定机构诚信等级制度研究——基于司法鉴定行业实践分析》,载《中国司法鉴定》2023年第2期。

9. 杜志淳、丁笑梅:《国外法律人才培养模式述评》,载《华东政法大学学报》2011年第3期。

10. 郭华:《司法鉴定程序通则的修改与解读》,载《证据科学》2016年第4期。

11. 苏力:《法律与科技问题的法理学重构》,载《中国社会科学》1999年第5期。

12. 霍宪丹、郭华:《进一步改革完善司法鉴定管理制度的基本思路》,载《中国司法》2014 年第 1 期。

13. 郭华:《健全统一司法鉴定管理体制的实施意见的历程及解读》,载《中国司法鉴定》2017 年第 5 期。

14. 张智全:《规范司法鉴定机构管理须用好退出机制》,载《南方法治报》2018 年 3 月 14 日,第 16 版。

15. 郭华:《司法鉴定制度改革与司法鉴定立法之推进关系》,载《中国司法鉴定》2018 年第 5 期。

16. 涂舜、陈如超:《司法鉴定管理的体制变迁及其改革方向:1978—2018》,载《河北法学》2020 年第 1 期。

17. 陈和秋:《司法鉴定乱象之解》,载《民主与法制时报》2020 年 4 月 26 日,第 2 版。

18. 郭华:《司法鉴定制度改革的基本思路》,载《法学研究》2011 年第 1 期。

19. 郭华:《治理我国实践中司法鉴定失序的正途》,载《中国司法鉴定》2014 年第 4 期。

20. 木子:《2003 年面向社会服务的司法鉴定工作统计报告》,载《中国司法鉴定》2004 年第 4 期。

21. 李禹、李奇:《2004 年司法行政机关司法鉴定工作统计报告》,载《中国司法鉴定》2005 年第 3 期。

22. 李禹:《2005 年全国司法鉴定工作统计分析》,载《中国司法鉴定》2006 年第 4 期。

23. 李禹、刘莎莎:《2006 年全国法医类、物证类、声像资料司法鉴定情况统计分析》,载《中国司法鉴定》2007 年第 4 期。

24. 李禹、罗萍:《2007 年度全国法医类、物证类、声像资料类司法鉴定情况统计分析》,载《中国司法鉴定》2008 年第 4 期。

25. 李禹:《2008 年度全国法医类、物证类、声像资料类司法鉴定情况统计分析》,载《中国司法鉴定》2009 年第 4 期。

26. 李禹、王奕森:《2009 年度全国"三大类"司法鉴定情况统计分析》,载《中国司法鉴定》2010 年第 4 期。

27. 李禹、陈璐:《2010 年度全国法医类、物证类、声像资料类司法鉴定情况统计分析》,载《中国司法鉴定》2011 年第 4 期。

28. 李禹、党凌云:《2011 年度全国法医类、物证类、声像资料类司法鉴定情况统计分析》,载《中国司法鉴定》2012 年第 3 期。

29. 李禹、党凌云:《2012 年度全国司法鉴定情况统计分析》,载《中国司法鉴定》2013 年第 4 期。

30. 李禹、党凌云:《2013 年度全国司法鉴定情况统计分析》,载《中国司法鉴定》2014 年第 4 期。

31. 党凌云、郑振玉、宋丽娟:《2014 年度全国司法鉴定情况统计分析》,载《中国司法鉴定》2015 年第 4 期。

32. 党凌云、郑振玉:《2015 年度全国司法鉴定情况统计分析》,载《中国司法鉴定》2016 年第 3 期。

33. 党凌云、郑振玉:《2016 年度全国司法鉴定情况统计分析》,载《中国司法鉴定》2017 年第 3 期。

34. 党凌云、张效礼:《2017 年度全国司法鉴定情况统计分析》,载《中国司法鉴定》2018 年第 3 期。

35. 郭华:《健全统一司法鉴定管理体制的创新思路》,载《中国司法鉴定》2015 年第 4 期。

36. 王羚:《关于司法鉴定准入管理问题的思考》,载《中国司法》2008 年第 4 期。

37. 徐心磊:《司法鉴定准入和执业过程中的问题剖析与对策探究》,载《实事求是》2013 年第 3 期。

38. 沈臻懿、杨琳彦:《立法直击行业痛点与要点》,载《检察风云》2019 年第 15 期。

39. 霍宪丹、郭华:《建设中国特色司法鉴定制度的理性思考》,载《中国司法鉴定》2011 年第 1 期。

40. 林茗:《整治鉴定"黄牛"乱象 收编"四类外"机构》,载《上海人大月刊》2019 年第 12 期。

41. 郭华:《论司法鉴定管理领域的治理范式》,载《中国司法鉴定》2012 年第 6 期。

42. 霍宪丹、郭华:《司法鉴定制度改革的逻辑反思与路径探究》,载《法律科学(西北政法大学学报)》2010 年第 1 期。

43. 程军伟:《论司法鉴定的性质与监管——从〈陕西省司法鉴定管理条例〉谈起》,载《西北大学学报(哲学社会科学版)》2013 年第 2 期。

44. 张晓娜:《司法鉴定"乱象"清理整顿进行时》,载《民主与法制时报》2020年4月26日,第1版。

45.陈如超:《论司法鉴定管理与使用的衔接机制》,载《证据科学》2018年第3期。

46.巩宸宇:《严防不如严惩,假鉴定的责任必须有人担》,载《检察日报》2020年12月23日,第4版。

47.沈臻懿:《"助鉴"制度在司法鉴定研究生培养中的实践探索》,载《犯罪研究》2019年第1期。

48.范加庆、常林:《论我国司法鉴定人助理制度的完善》,载《中国司法鉴定》2011年第2期。

49.郭华:《司法鉴定管理改革的创新与监管智能化模式》,载《中国司法》2018年第12期。

50.郑智辉、向安平:《全面提升司法鉴定质量和社会公信力》,载《中国司法》2018年第6期。

51.万筱泓、陈邦达:《以立法巩固和深化司法鉴定改革成果》,载《中国司法鉴定》2022年第6期。

52.郭华:《司法鉴定制度改革的十五年历程回顾与省察》,载《中国司法鉴定》2020年第5期。

53.孙业群:《司法鉴定业务范围探究》,载《中国司法鉴定》2005年第4期。

54.葛晓阳:《让司法鉴定走向规范化法制化科学化——专家解读〈关于建立司法鉴定管理与使用衔接机制的意见〉》,载《法制日报》2016年11月29日,第2版。

55. 孙大明、诸宇杰:《司法鉴定执业风险识别与防控》,载《中国司法鉴定》2018 年第 3 期。

56. 陈维娜:《我国司法鉴定行业管理刍议——以行业协会为视角》,载《中国司法鉴定》2018 年第 1 期。

后 记

司法鉴定作为科技与法律有机统一的典型代表,是诉讼活动得以顺利开展的重要保障,其质量直接关乎司法公正与社会公信力。自《决定》施行以来,司法鉴定制度改革已历经20年,并基本形成统一的司法鉴定管理体制。全国司法鉴定机构、司法鉴定人数量,由2005年度1385家、17692人,增至2022年度的2837家、36767人,增幅分别达104.8%和107.8%。较长一段时间内,司法鉴定行业在持续扩容的同时,实践中也多呈现"重准入审批、轻动态管控"的现实矛盾,存在"只进不出"的问题。司法鉴定质量的保障,不仅在于准入门槛的监管是否严格,还在于准入以后的管理是否到位。

不可否认,以《决定》为代表的司法鉴定

管理改革立法举措,对我国司法鉴定制度改革,乃至整个司法制度改革都作出了重要贡献。但《决定》颁布至今较久,且规定较原则,尤其在监督管理、违规惩处以及法律责任等规制方面还不够完善,难以完全满足司法鉴定的改革要求。2023年9月,十四届全国人大常委会将司法鉴定法列入第二类立法规划项目,使司法鉴定行业迎来新的发展契机,也为进一步探索司法鉴定制度改革,提升司法鉴定质量提供了路径指引。

社会生产力发展过程中,起决定性作用的即是人的因素。司法鉴定质量的提升,同样离不开司法鉴定队伍这一"人"的因素。习近平总书记在十九届中央政治局第三十五次集体学习时强调,"要加强统筹谋划,完善法治人才培养体系,加快发展律师、公证、司法鉴定、仲裁、调解等法律服务队伍"。[①] 自2023年4月起,教育部正式将"司法鉴定学"专业列入《普通高等学校本科专业目录》。截至2025年,全国共有包括华东政法大学在内的9所高校获批设立该专业,其中包括5所政法院校、3所公安院校以及1所医学院校。"司法鉴定学"专业的设立,不仅明确了司法鉴定的职业、岗位属性,更为司法鉴定人才队伍的培养、发展奠定了重要基础。作为一项新专业,如何发挥其自身优势来推进司法鉴定行业发展、提升司法鉴定质量,亦有着相当大的研究空间,有待进一步探索。

---

① 习近平:《坚持走中国特色社会主义法治道路 更好推进中国特色社会主义法治体系建设》,载《求是》2022年第4期。

《从静态准入到动态监管的司法鉴定质量重塑研究》顺利出版。如果本书能对司法鉴定理论与实务研究起到些许推进作用，那无疑是对笔者的最佳褒奖。

　　本书付梓过程中，得到了法律出版社法治与经济分社沈小英社长、责任编辑常锋老师的支持与帮助，在此表达诚挚感谢！

沈臻懿
2025 年 6 月 21 日